会議、プレゼン、企画書、メモ…

どんどん仕事がはかどる「棒人間」活用法

イラストプレゼン研究所主宰
河尻光晴

青春出版社

はじめに…口下手だった僕も変われた、すごい棒人間

もっとうまく伝えたい……。

ビジネスシーンや日常生活の中で、

- 言葉や文章で自分の想いや考えをうまく表現できず、相手に伝わらない
- 部下に指示を出したり、クライアントに提案してもなかなか聞いてもらえないなど、

言葉だけでは十分に伝えきれないもどかしさを感じたことはありませんか？

この本は、そんな会話や文章を書くのが苦手な人が、絵を描き添えることで円滑にコミュニケーションをとっていくノウハウを集約した本です。

とはいえ、

「自分には絵心がないから無理」

と思って、最初から気持ちが引けてしまう人もいるかもしれません。

でも大丈夫！

この本の「絵」は、芸術作品でもアートでもありません。―（棒）と○△□の図形を組み合わせるだけで簡単に描ける「棒人間」だからです。

誰でも描けるシンプルな表現方法で、「話しやすい」「わかりやすい」「伝わりやすい」コミュニケーションの最高の武器を手に入れることができると確信しています。

いきなり棒人間について熱く語ってしまいました！　スミマセン。

さて、このへんで僕の自己紹介をさせてください。

僕は現在、「絵を描く」ことをコミュニケーションやプレゼンテーションのスキルとして応用する講座やセミナーを開催しています。２０１５年から名古屋を中心に活動していましたが、新型コロナウイルスの感染拡大に伴って、２０２０年からは活動の場をオンラインに切り替えました。すると、国内だけでなく香港、オーストラリア、フランス、イタリアといった海外からの受講者も増えていきました。

僕は教育出版社の商品開発を経て、中小企業のマーケティングやブランディングのツール制作に携わる商業印刷のアートディレクターという仕事をしていました。企業の価値や想いを、チラシやパンフレット、WEBや動画などデザインやビジュアルで見える化して、お客様にお届けするお手伝い。そんな仕事に15年以上関わってきました。

この仕事で大切にしていたのは、何事も「見せて伝える」ということ。それはデザインという成果物だけに求められるものではなく、仕事の打ち合わせやミーティング、プレゼンテーションでも必要なことでした。

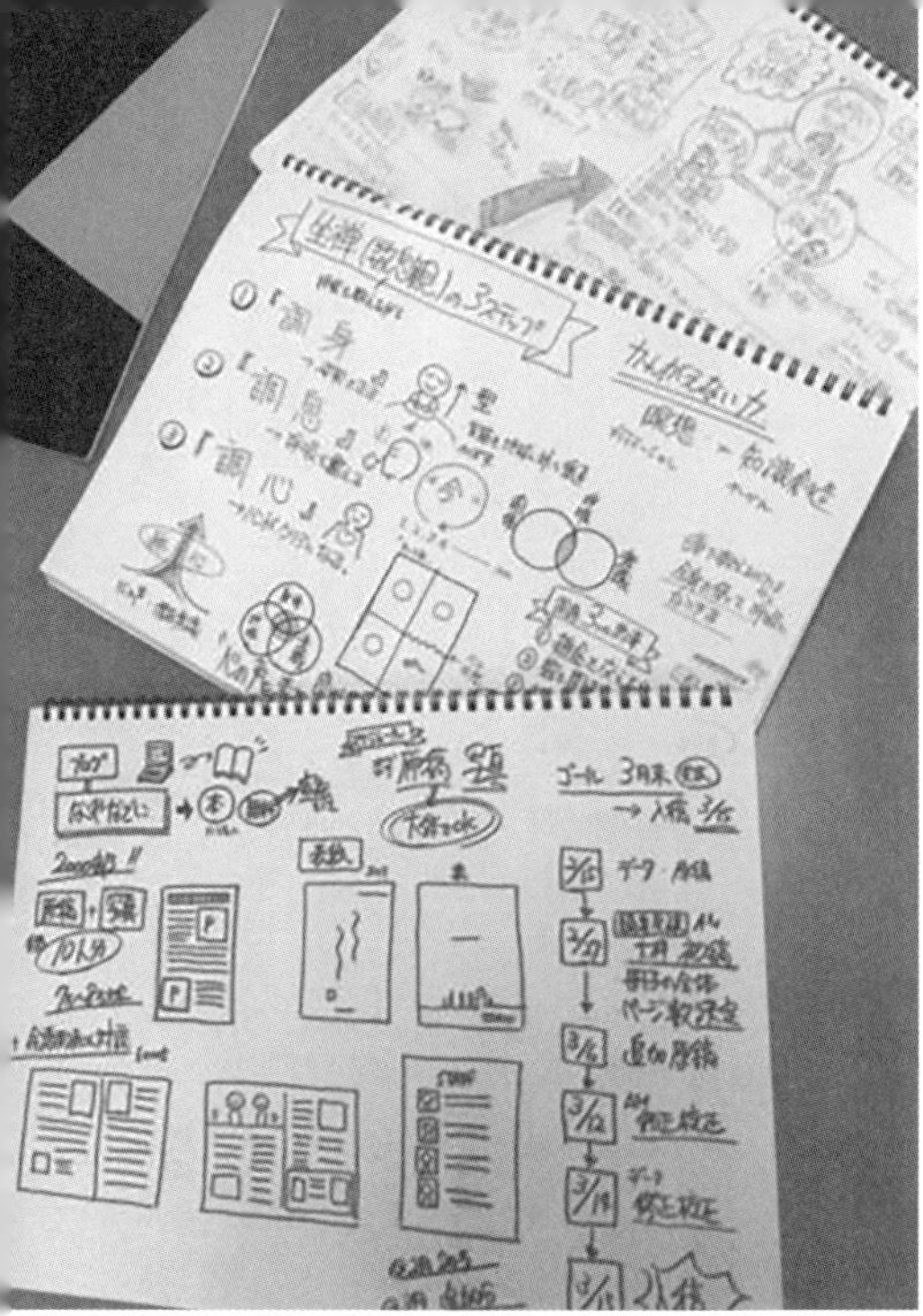

写真1 実際に打ち合わせで使っていたスケッチブック

そもそも僕自身は口下手で、言葉巧みな話術や文章で人を注目させるのは苦手。それもあって、ノートやメモ帳に絵を描き、それを見せながら話をすることを習慣としてきました。

流暢に話せないからこそ、視覚情報に頼るという側面が大きかったのですが、スケッチブックやホワイトボードを使って、人が頭の中でイメージしていることをヒアリングしながら、目の前で描いてその場で見てもらって確認すると、メリットがいっぱいありました。言葉だけでは表現できないこと、お互いが理解するまでに時間がかかるようなことを瞬時に、そして直感的に共有し、共感や同意を得られたりするのです。絵は最高の情報の伝達方法であり、コミュニケーションの取り方だと今では思っています。

そんな中で「河尻さんの絵の描き方やノートの取り方を教えてほしい」という要望を受けて、仲間内で小さな勉強会を始めたのが、僕の講座活動のはじまりでした。

集まってくるのは「私、絵心がないんです」「絶望的に絵がへたくそなんですが、大丈夫ですか」という方々ばかり。

そこで、絵を描くことを「伝えるスキル」として身につけてもらうために、「誰でも簡単に描ける」ことを大前提として行きついたのが、「棒人間」でした。棒人間なら、おそらくみなさんも一度は描いたこと、ありますよね？

一見、「落書きの延長」とも思える棒人間ですが、描き方を学んだ方々は、「楽しかった」で終わることなく、日々の生活の中で活用していますし、次のようなご報告もいただいています。

「オンライン会議で棒人間を使って自己紹介したら、すぐに名前を憶えてもらえた」
「棒人間に語らせることで、ふだん話さないような考えや想いまで伝えることができた」
「研修で棒人間を使って説明をしたら笑いが起こり、一気にアイスブレイクした」
「みんながヘトヘトのとき、疲れた棒人間とメッセージを描いたら大ウケして、沈んだ空気がぱっと明るくなった」
「棒人間を毎日ＳＮＳに投稿していたら、いいね！が増えた」

などなど……。

　特に最近は、スマホやパソコンばかりで、コミュニケーションが希薄になっていることもあって、この素朴な棒人間がかえってあたたかさを感じさせるような気もします。

　本書では、この「棒人間」を使って、仕事にも人間関係にも活かせる「絵で話す」技術と活用法をお伝えしていきます。この本が、あなたの「描ける自信」と「伝わる喜び」となり、コミュニケーションをより豊かなものにしていただけたら幸いです。

　では早速、始めていきましょう！

棒人間講座を受講された方の声

棒人間なのにすごくインパクトがあり目がいきます。POPに使用するとお客様も注目してくれそうです。最初は線の長さ、バランスがわからず戸惑いましたが、だんだんバランスが取れてきました。曲線だったり角度だったり、ちょっと意識して描くだけで動きのある棒人間を描くことができると、だんだん愛着もわいてきますね。　**（N・Mさん／販売員）**

棒人間で描けない体の動きはないんじゃないかと思いました。線にして表す簡単なことも、かなり研究されているので、まずは出来たものを真似をするのが一番近道ですね。
（Y・Tさん／インストラクター）

絵を描いているというより、幾何学図形を組み合わせているという感じなので、男性あるいは感性豊かなセンスなどの感覚が苦手な人でもいける気がします。棒人間にいろんな可能性を感じました。
（K・Hさん／会社経営）

最初は頭の丸すらろくに描けませんでしたが、少しだけどうまく描けるようになりました。絵だけでなく、効果線を書き足すだけでも違ってみえるのもすごいと思いました。素人でも描きやすいように線だけで躍動感等だせるように、研究されているのもすごいと思いました。　**（T・Nさん／会社員）**

手足が直線でも立体的に棒人間を見せることができて、躍動感を与えられることに感動しました。どんどん練習して棒人間と相棒になれたらと思います！　（R・Tさん／講師業）

幾何学図形の組み合わせという説明が腑に落ちました。実際に図形の練習をして組み合わせて表情が作れるので、絵を描いているという意識がないまま絵が描けた感じがしてよかったです。何度か練習して、また受講したいです。

（T・Yさん／臨床心理士）

「絵なんて絶対描けない！」と思ってましたが、かんたんに描けちゃいました!!　凄いです!!　表情が紙の上に出てくることで、自分がゴールを達成した時のイメージがものすごくリアルに湧いてきました！　表情の力って凄いなーって思いました。（M・Yさん／養護教諭）

会議のファシリテーションなどで、絵を交えて説明することが多くなっていたため、棒人間に出会えて良かったです。まさか自分がこんなに描けるなんて！　描き方の基礎がわかると自ずと描きたい衝動にかられるので、ふだんから棒人間を多発させたいと思いました。　（Y・Mさん／理学療法士）

驚きました！　ただ、棒人間を描くだけなのかと思ってましたが違いました!!　ビジネスにも使えるストーリー仕立てで、それは世の中の困りごとをわかりやすく、相手から「欲しい!!」と言わせるだけの深い世界が表現できて、絵心のない私も夢中で描けました。相手の心を掴む棒人間をみんなにも紹介したいです。　（O・Kさん／カウンセラー）

どんどん仕事がはかどる「棒人間」活用法　目次

はじめに…口下手だった僕も変われた、すごい棒人間……3
棒人間講座を受講された方の声……8

第1章

すべてのコミュニケーションは「棒人間」で変わる！　17
仕事にも人間関係にも！　絵で伝えるすごい技術

「絵」で話すという伝え方がある……18
絵が描けると得られる3大効果　21
棒人間が描けるとこう変わる
1 人前で緊張してうまく話せない…
↓絵に視線が集中するので聴衆と目が合わない、
絵がカンペ代わりになるのでド忘れも防げる……24

カメラの前で話すときも、絵があると落ち着いて話せる 27

2 聞き手の反応が薄く、手ごたえがない…
↓絵があると思わずみんな注目 …… 28

3 言葉だけでうまく伝わらない…
↓言葉だけより端的に、明確に情報を共有できる …… 31

4 一生懸命説明しているのに、なぜか理解してもらえない…
↓絵を通じて共感を得ながら説明できる …… 32

5 楽しく、面白く伝える方法がわからない…
↓棒人間なら、感情が動く …… 39

6 話術に自信がない…
↓動きがあると人を飽きさせない …… 42

僕が伝えている棒人間について …… 48

コラム なぜ、棒人間なのか？ …… 50

第2章

ビジネスで、こんなに役立つ！「棒人間」活用法　51

会議、プレゼン、打ち合わせ…話術に頼らず絵に頼る

棒人間を効果的に活用するために……52

発言や情報が定着する 54／話し合いに動きが出る 55／場の一体感が生まれる 56

棒人間が活躍するシーン

❶説明する場面 58／❷お願いの場面 59／❸つかみの場面 60／❹頭の整理 62／❺スライドの場面 64／❻カジュアルな話し合いの場面 69／❼オンライン会議 74

棒人間活用…応用編❶　①養護教諭の事例　②研修講師の事例　③業務連絡の事例……78

棒人間活用…応用編❷　お願い棒人間10パターン……82

第3章

絵心ゼロでも大丈夫！
誰でも描ける棒人間

83

紙とペンだけ用意して、まずはとにかく描いてみよう

あなたが「描けない」のは学ぶ機会がなかっただけ……84

すべての人に描ける自信と伝わる喜びを！　86

棒人間を描いてみよう……88

用意するもの　88／ペンの基本の使い方　90

描き方1　基本の棒人間の描き方……92

描き方2　線の長さに注意してバランスを整える……94

描き方3　歩く棒人間……96

描き方4　走る棒人間……101

描き方5　棒人間に「感情」を与えよう……106

描き方6　棒人間に「あいうえお」と言わせると表情が出せる……110

棒人間活用…応用編❸ 「あいうえお」と眉&目で、こんなに描ける …… 114

①ネガティブな眉&目との組み合わせ／②怒り・驚きの眉&目との組み合わせ／③ほっこり・幸せ眉&目との組み合わせ／④ぎゅ〜っ！とした眉&目との組み合わせ

描き方7 「漫《まん》符《ぷ》」を使えるようになったら達人レベル …… 116

①ネガティブ縦線／②汗の表現／③怒りマーク／④湯気が噴き出す／⑤衝撃！／⑥ブルブル／⑦後光がさす

描き方8 1コマで見えないところも見せられる吹き出し活用術 …… 121

①中にある物を見せる／②表と裏の心理描写／③見えない部分を補足説明／④全体と詳細を同時に見せる

描き方9 2人組の棒人間を描くコツ …… 125

「ビックリマーク」や矢印、キーワードを加える／ハートを加える／ハートの色&表情を変える／2人組を握手させたい場合

描き方10 線と矢印は説明力アップの魔法 …… 134

棒人間図解「関係性」9パターン 135

①つながり／②同一／③変化／④流れ・因果／⑤対立／⑥逆／⑦交換・取引／⑧強弱／⑨否定・停止

棒人間活用…応用編❹ 年齢や男女を描き分ける …… 140

第4章

棒人間を使った図解のコツ

わかりやすく伝える！ さらなる活用法 143

コツ1 ビフォア&アフターでストーリーを語る …… 144

説明の例「課題解決型プレゼン」 144／お客様の問題は何か？ 146

コツ2 線で分けて整理する …… 149

自分との対話の例「一本線で思考整理」 149

シンプルな線でまずココから始めよう！ 152

①区別／②分類／③関連／④段階・過程

コツ3 説明上手に見せる「3つの輪」の図解術 …… 156

説明力が上がる「箇条書き」の技法 157／伝わり方が圧倒的に変わる「3つの輪」 159

コツ4 思考整理にも使える4コマ図解 …… 162

ビジネスでは「4」をよく使う 162／課題解決型のフォーマット 166／

自分との対話の例「棒人間がいる行動計画書」 167

棒人間活用…応用編❺ 4コマ図解の参考例 …… 170

コツ5 階段図解と棒人間 …… 172

順番に話すなら【階段】を使おう 172／階段の〝線〟をキレイに引くコツ 175

コツ6 三角形を使った図解と棒人間 …… 180

ピラミッド図解 180／漏斗《じょうご》の図解 181／トライアングル型 182

コラム 「棒」に秘められた驚きの意味 …… 184

棒人間活用…応用編❻ 中国語で使われる〝すごい〟フレーズ集 …… 186

おわりに…いつもそばには棒人間 …… 188

本文デザイン　黒田志麻／写真・イラスト　著者／企画協力　ブックオリティ／編集協力　高比良育美

第1章

すべての
コミュニケーションは
「棒人間」で変わる!

仕事にも人間関係にも!
絵で伝えるすごい技術

「絵」で話すという伝え方がある

口下手な方、人前で話すのが苦手な方、想いはあるのにうまく言語化できなくていつも悶々《もんもん》としている方、仕事で話す必要があるのにどうもうまく伝わっていない方、プレゼンが苦手な方、企画書や提案書なども面白みがないなぁと何か工夫できることがないか探している方……本書は、そういう方のために書きました。

現在僕は、〝絵が全く描けない……〟というビジネスパーソンを対象にしたイラスト講座を開催しています。この講座は、絵の描き方を学ぶだけの場ではありません。

絵を使ってわかりやすく伝えたいけど…

単純に絵を学びたい！　楽しみたい！　ということなら、カルチャーセンターなどで学ぶのがオススメです。ですが、僕のイラスト講座を受講されるみなさんは、「棒人間」を描くのが目的じゃないんですよね。棒人間を描けるようになった先に、本当の動機があるのです。

ここに、僕が「棒人間」をオススメする理由があります。「絵心ないから自分には無理……」とハナからあきらめなくても大丈夫。誰でも描きやすい。それが棒人間です。棒人間なら、画力のレベルは全く関係なく、「本当の動機」にストレートにアプローチできるからです。多くの方々と向き合ってわかってきた、その「本当の動機」は、大きく次の３つです。

❶わかりやすく伝えたい
❷言葉に気持ちを乗せたい
❸場を和ませたい

つまり、絵を習いたいのではなくて、「もっと伝えたい」とか「感情を表現したい」とか「場の雰囲気を良くしたい」と思っているのです。

受講者さんのお仕事は、業種業態にかかわらず、多岐にわたります。

会社経営者、学校の先生や講師業、コンサルタント業、市議会議員、インストラクター、医師・看護師、介護関係……ジャンルは様々ですが、共通項は、人とお話をされる仕事の方ばかりだということ。そして、もっと伝えるためにはどうしたらいいのか？　今の伝え方の質を高めるために何ができるのか？　話し方や文章の書き方とは違った「絵を使って伝える」ということに、興味関心を持ってくれているのです。

つまり、コミュニケーションスキル向上のために「絵」に期待してくれているのです。

言葉だけでどんなに説明しても…

絵ならひと目で伝わる

●絵が描けると得られる3大効果

絵が描けることでどんな効果が得られるのでしょうか？
この答えは、先ほどの動機とまさに直結しています。

❶わかりやすく伝えられる！

絵という視覚情報を駆使すると、〝わかりやすさ〟が格段に上がります。会話や文章では、伝わらない、相手の記憶に残らないという課題への対策にもなるんです。

視覚に働きかける伝え方は瞬時に伝わり、記憶に留まるので、長々と話をしたり、同じことを何度も繰り返したりする必要もなくなります。

情報伝達にかかる労力や時間コストも削減できるので、棒人間は「働き方改革」にも一役買いますよ。

話術が苦手な人も…

絵があると心に余裕が生まれる

❷言葉に気持ちが乗る！

プレゼンや会話で意外とショックなのが、こんな反応では？

「言ってることはなんとなくわかるけど、なんか気持ちが伝わってこないんだよね……」

そんなこと言ったって、緊張しちゃうんだから、しょうがないじゃないか！　と言いたくなりますよね。僕たち一般人は、俳優さんや芸人さん、ＭＣのような話術がある訳ではありません。気持ちを乗せて話すというのは本当に大変です。

話し方だと「抑揚」や「間」、「マインド」などのトレーニングなどが思いつきますが、コレ、ちゃんとできないと〝わざとらしさ〟が出てしまいます。

絵で話す技術には「絵を持って話す」「絵を指して話す」といった自然な動作が入ることで「間」が生まれます。さらに感情部分の「抑揚」は棒人間に任せられるので、話し方が多少単調でも棒読みでも、見る人は面白く感じてくれます。

話しにくい雰囲気の場でも…

絵があると緊張もほぐれる

❸絵があることで場が和む！

忙しい職場では、人と人とのコミュニケーションが無機質なものになりがちです。真面目過ぎる会議やミーティングでは、参加者が積極的に発言できる雰囲気も生まれにくいでしょう。参加者との関係性が作れていない講演やセミナーでは、話す側も聴く側も緊張しっぱなし……なんてこともあります。

それを打ち破るのが一枚の絵だったりします。

ホワイトボードやデスクのメモ書きに棒人間がいるだけで、緊張で固まった心がほぐれていくのです。

話を伝えたい、わかってもらいたいと思ったときには、一生懸命話をする前に、「棒人間」を試してみませんか？　棒人間は話術に頼らないアイスブレイクを実現します！

では、棒人間が描けると、今までの悩みがどう変わっていくのか…？　それをお伝えしていきたいと思います。

人前で緊張して
うまく話せない…

棒人間が描けるとこう変わる❶

絵に視線が集中するので聴衆と目が合わない、絵がカンペ代わりになるのでド忘れも防げる

人前で話すときに緊張してしまうのは、大勢の目線が自分に集中することへの抵抗感や、失敗したり内容が飛んだりしたらどうしようという不安、さらに手を置く場所や目線の動かし方などのボディランゲージ（身振り手振り）が不慣れ……といった原因が考えられます。

絵を使って説明することで、これらは瞬時に解消されます。

がんばらなくても伝わる場がつくれる

視線を上手に誘導しながら相手の意識をこちらに向ける、そこに自分の描いた棒人間や自分の似顔絵などのイラストがある……すると、どんな効果があると思いますか？
がんばらなくても和やかな安心・安全な場を自らの手で生み出せるんです。自分が伝えようとしていることが相手に好意的に受け入れてもらえたら、だんだんと人前で話す自信もついてくるでしょう。

また、見せている絵によって、伝えたいことがイメージとして可視化されるため、大事なメッセージの伝え忘れや、話している最中に起こりがちな「あれ？　いま何話してたんだっけ？」という物忘れも防げます。

多少言葉に詰まったり言葉足らずになったりしても、絵が理解補助してくれるので、聞き手は好意的に受け止めてくれるのです。

さらに、絵を使って話すと、「話し方」そのものに好都合な状況もつくれます。

人前で話すときのお悩みでよくあるのが、「手のやり場」に困るというもの。〝手ぶら〟だと無意識に手を後ろに組んだり、ブラブラさせて話をしがちです。これ、落ち着きや自信がなさそうに見えて残念な印象を与えてしまうんです。

絵を使って話すと、手の動きに〝意味や目的〟が生まれるので、「やり場に困る」ということがなくなります。

たとえば、「描く」「消す」「出す」「持つ」「隠す」「掲げる」「移動させる」「近づける」「遠ざける」などなど。聞き手を飽きさせず、注目させる工夫、意味がある動きが自然とできるので、話し手に余裕がうまれてきます。

また、スケッチブックやフリップ等を持って話すと「手の位置」が決まって身体が安定し、緊張や不安が解消されます。

●カメラの前で話すときも、絵があると落ち着いて話せる

先日、イラストプレゼン講座の受講生さんから嬉しい報告がありました。ある団体が主催するプロジェクトメンバーに応募し、見事合格を勝ち取られたのです。

その面接で取り入れたのがスケッチブックプレゼンでした。オンラインでの2分プレゼンの中で、スケッチブックに自分似顔絵や志望動機などを描いたものを見せながら発表。メッセージをイメージで見える化することで、落ち着いて伝えたいことがプレゼンできたようで、ご本人も「まさか受かるとは思ってませんでした!!」と、嬉しそうに報告してくれました。

イラストのプレゼンスキルをグラフィックレコーディングなどにも活かしてプロジェクトに貢献していきたい、という想いを熱くお話ししてくださいました。

聞き手の反応が薄く、
手ごたえがない…

棒人間が描けるとこう変わる❷

絵があると思わずみんな注目

相手の反応が見えにくいオンライン会議。一人でしゃべっている感がやりにくい……ということはありませんか？　ただ、これ、リアルのプレゼンでも同じようなことが起こりがちです。

説明の際、自分の話を補うために、レジュメや補足資料、スライド資料などを準備する方も多いと思います。

じつは、この資料が話しづらい雰囲気をつくってしまう犯人なのです！　資料があると、聞き手は手元の資料の文章を読むことに意識が向き、下を向いたままになります。聞き手

視線・耳・意識の方向を一致させよう

が自分のほうを全然見てくれない状態も、話し手としてはだんだん不安になってきますよね。

一生懸命話しているけど、なんだか反応がない、手ごたえがないと感じ始めると、緊張・不安・焦りがどんどん募ってきて……そうなると、一気に負のスパイラルに陥るなんてことにもなりかねません。

人前で話をするときの緊張や不安対策。それは「場づくりの仕掛け」です！　個人の性格や性質に関係なく、誰でもできます。そのポイントは、相手の、

❶視線を向ける方向
❷耳を傾ける方向
❸意識の向く方向

を一致させること。

この状況ができていると、〝がんばってしゃべらなくても〟ふだん通りの話し方で「伝わりやすさ」「わかりやすさ」を生み出す土壌ができます。すると、自然と不安も緊張も焦りも解消されていきますよ。

場が整っていると、話す側も相手の前向きな反応を感じられ、安心して話しやすくなります。また、自分のメッセージにも自信が宿り、さらに楽しく伝わりやすい状態になる……これが「伝わる」プラスのスパイラル。どんどん好循環していきます。

つまり「絵が描ける」ということは、人と人とをつなぐ「媒体力」を身につけていることになる、ってこと。その「媒体」に情報&メッセージと「感情」を共有できれば、自然と理解と共感が生まれてきます。〝絵がある〟だけで視線が集中したり、人が集まってきたりするのです。

言葉だけで
うまく伝わらない…

棒人間が描けるとこう変わる❸

言葉だけより端的に、明確に情報を共有できる

ビジネスや日常生活において言葉だけでコミュニケーションをとろうとして、正しく伝わらないケース。あなたにもきっと経験ありませんか?

膨大な言葉や情報が溢れる時代だからこそ、自分が大切にするメッセージや言葉を明確に端的に発信するスキルが求められます。そのために、相手に伝えたい、自分の話を聞いてほしいときに、口頭や文字だけでがんばって説明するより、イラストや絵を描いて、見せながら伝えたほうがよりわかりやすく、短時間で情報を伝えられます。

一生懸命説明しているのに、なぜか理解してもらえない…

棒人間が描けるとこう変わる❹

絵を通じて共感を得ながら説明できる

あなたの言葉が相手に伝わらないのは、あなたの話が「一方通行」だからかもしれません。

自分の言いたいことだけを、相手の反応お構いなしに一方的に話しているだけだと、聞いているほうは「耳には入っているけど、理解できない」状態になりがちです。

あなたの話が一方通行になってしまうのは、次のような理由が考えられます。

❶相手が聞く状態にないことに気づいていない

話が苦手な人、伝え下手の人は、話す内容に意識が行き過ぎていることが多いのです。

「何を（What）話すか？」ばかりで、「どう（How）話すか？」についての配慮や工夫にまで及んでいません。

この場合、相手に聞く態勢が整わないので、うまく伝わらないどころか、誤解や反感を招く…なんてことも、けっこうあります。

これ、すごくもったいないと思いませんか？

伝わらない原因は「自分の話し方がよくないからだ」と思い込んで、話し方、スピーチ、ボイストレーニングの講座やレッスンで練習される方も多いですよね。もちろんそうした学びや努力は、伝え方に効果を発揮しますが、僕はその前に身につけるべきスキルがあると考えています。

どんなに〝上手な〟話し方を身につけていても相手が耳を傾ける状態がつくれていないと、それでは〝宝の持ち腐れ〟。一生懸命伝えようとしても手ごたえがない「暖簾《のれん》に腕押し」「糠《ぬか》に釘」「豆腐に鎹《かすがい》」状態になりかねません。

相手の意識はどこに向いているのか？

これがわからないまま（相手が聞く態勢が整っていないことに気づかずに）話を始めてしまうと、本当に伝えることは難しいです。

いろんな場面で話を聞いてもらおうとするとき、まず大切なのは〝相手をこちらに向かせる〟こと。聞く態勢を作ってもらうことから、はじめることが肝要です。

相手が前向きになって聞いてくれる態勢をこちらから仕掛けていきましょう。

❷相手がしっかりついてきているか確認していない

一生懸命話した！　相手も聞いていた！　なのに実は伝わっていなかった……、わかっていなかった……なんてことも起こります。

原因は、話の途中で「相手がわからなくなっている」ことに気づいていないからかもしれません。では、どうするか？

「わかりましたか？」と聞きますか？　うーん、×！

もし、まったく理解できていなくても、「〜で、わかった？」とあなたが聞いたら、相手は空気を読んで、わかったふりをしてしまうことがよくあるからです。

つまり、相手の「わかった」を鵜呑みにして話を進めてしまうのは危険なのです。

❸冷たく、事務的で心に響いていない

論理的にスラスラとスムーズに話せる人ってカッコよく見えますよね？

正論だけでは人は動かない…

でも、論理的な話に偏り過ぎると今度は全然楽しくない、というデメリットもあります。硬く難しい空気になって、受け手に「冷たい印象」を与えたり、「正論だけど、なんか嫌！」と言われてしまう危険性だってあります。

非の打ちどころのない正論を理論武装で攻め立てられ、ただひたすら真面目にお話されて、「わかっちゃいるけど聞きたくない」という気持ちになったこと、ありませんか？　僕はあります。

聞き手は、途中から聞き流してその場をやり過ごしたくなります。結果、話し手が伝えたいことは、悲しいかな、耳を塞がれていたり、空気となって消えていったりします。

このパターンに陥る一番の原因は、相手の感情に寄り添っていないため。意見や考えを〝直球〟で伝えるのではなくワンクッション置いて伝える配慮が大切です。

＊

一方的な話は伝わらない

聞いてもらえる配慮を

このように、話が一方的になると、一生懸命話せば話すほど伝えたい言葉は、宙に虚しく消えていきます。

話し手と聞き手は一体であり、実はキャッチボール。一つひとつ理解度を確認しながら進めていくという共同作業が必要なのです。

聞いてもらえることは「当たり前」ではありません。相手に「聞きたい、聞いてもいい」という気持ちになってもらってはじめて、聞いてもらえるのです。言葉通り「耳を貸して」いただくのです。相手の貴重な時間を使ってもらうという敬意を忘れずに、伝える工夫をしましょう。

プレゼンやコミュニケーションでは、どんな場面でも「配慮」が細部に宿る工夫が「伝わりやすさ」をつくります。

単に「相手を思う気持ちを持ちましょう！」というような抽象論、精神論ではありません。イラストを自分で描いて伝えるという技術は、相手への「配慮」の技術。これなら再現性があり、誰でもすぐに実践できます。また、絵なら、要点を簡潔に伝えられるので、聞き手への配慮という点ではダブル効果が期待できるでしょう。

描いて伝えることは、「あなたに聞いてもらえるように最善を尽くします」という心意気を相手に見せていることにもなり、聞き手への「配慮」が自然と行き届き、伝わりやすい環境がつくれるのです。

「絵で」話すためには、ちょっとした絵の描き方のコツを身につけることが必要ですが、「子どもの頃から絵が苦手」「私、絵心ないんです」という方でも簡単に描けるように工夫したものが、本書で紹介する「棒人間」。

棒人間は、話し手と受け手との距離を縮め、心を解きほぐしながら、コミュニケーションの環境を整えることができるという優れモノなのです。

楽しく、面白く伝える方法がわからない…

伝わる3つの要素

棒人間が描けるとこう変わる❺

棒人間なら、感情が動く

情報やメッセージを伝えるときに大切なのは、「正しく伝える」ということと併せて、「楽しく伝える」「おもしろく伝える」「安心して伝える」という環境をいかにつくるかです。

そこには「言葉」と「イメージ」と併せて必ず「感情」が伴っており、アウトプットしていく際には聞き手の気持ちに寄り添えるかどうかで、「伝えたい」という想いの成果や結果が変わってきます。

絵を介したコミュニケーションは、描くほうも受け取るほうも楽しい気持ちになります。

「楽しい」「面白い」「安心」という絵を描けば、感情がポジティブにはたらき、絵に気持ちが引っ張られていきます。

描く人も見る人も、見せるだけで感情が引っ張られ、さらには、気が付いたら身を乗り出して耳を傾けているといった具合に、受け手の身体が勝手に反応するというすごい効果も生まれます！（まるで音楽のライブでアーティストと観客の気持ちが一体になっているときのように）

伝えたい情報やメッセージに〝感情を乗せて届ける〟というと、抑揚や声のトーンといったような話術にフォーカスされがちですが、オーバーアクションやドラマチックな語り方は、聞く人によっては諸刃の剣です。

特にジェスチャー文化に慣れていない日本人にとって、オーバーアクションは心地よさより不快感を覚える可能性があります。でも、絵なら老若男女誰にも、緊張感や威圧感を与えることはありません。

世の中には上手に感情表現しながらコミュニケーションを取れる人もいますが、うまく感情を表に出すことができず、人前で話すことが苦手な方もいます。

線とカタチの組み合わせで様々な感情が表現できる棒人間は、「自分の気持ちをうまく伝えられない」という方にとってても強い味方になってくれます。

話術に自信がない…

棒人間が描けるとこう変わる❻

動きがあると人を飽きさせない

うまく伝わらない原因って、話し手の話術の問題よりも、その場に物理的な変化が起こらないことにあります。

「物理的変化」という、ちょっとばかり知的な言葉を使ってしまいましたが、シンプルにいうと、自分が伝える際に「場を動かす変化をつける」ってこと。それも、「自分が動き、時には物を動かし、相手を動かす」という仕掛けで、たちまち人の心も動き、聞く姿勢をつくりやすくなります。

それも無理矢理ではなく、自然に、主体的に！

たとえば、スケッチブックで「絵を持って話す」、ホワイ

❶ 描く

❷ 消す

トボードで「絵を指して話す」といった動作で、自然と「間」が生まれます。また、苦手な感情部分の「抑揚」などは棒人間に担わせればOK。ですから、緊張してしまう人は伝え方に次のような「動き」を入れるのがオススメです。

❶ 描く

聞き手の目の前で絵を描く。このとき、必ず相手の視線はあなたの手元を追うことになり、注目や集中する状態が起こりやすくなります。

❷ 消す

「ココ消してもイイですか?」とひと声かけることで、相手の反応を確実に見ることができます。

❸ 出す

❹ 隠す

相手の理解のペースに寄り添うこともできるので、僕は「描いたものを消す」という行為は絶好のコミュニケーションの瞬間だと考えてます。

❸ 出す

事前に描いておいたものを披露するときは、聞き手を一気に注目させることができます。

また、溜めて出したり、素早く出したり、ゆっくり出したりと、仕込みによって話に緩急がつけやすくなり、相手を飽きさせません。

❹ 隠す

同じく事前に描いて仕込んできたものでも、それがなかな

❺ 示す（指す）

❻ めくる

か見られないと、相手は「何が描いてあるんだろう？」と主体的に考えるようになったり、出す瞬間を期待してくれるようにもなり、前向きな空気がつくりやすくなります。

❺ 示す（指す）

ズバリ「視線誘導」です。

話している内容と指し示している視覚情報が一致していると、相手の理解はより深まります。

❻ めくる

紙芝居や絵本のように場面転換することで、視覚情報が大きく変化するので、相手の気持ちも切り替えられます。

❼ 近づける

❽ 離す

❼ 近づける

見せたいモノを近づけると、相手は視線だけでなく身体も前のめりになって寄ってきてくれます。

❽ 離す

逆に、わざと引き離すことで視界をまた広く持ってもらうことができるので、近づけたり遠ざけたりすると、前後運動の動きが生まれます。

＊

これらの動きは、自分の緊張対策になるだけでなく、相手も思わず動いてしまう、という効果があります。

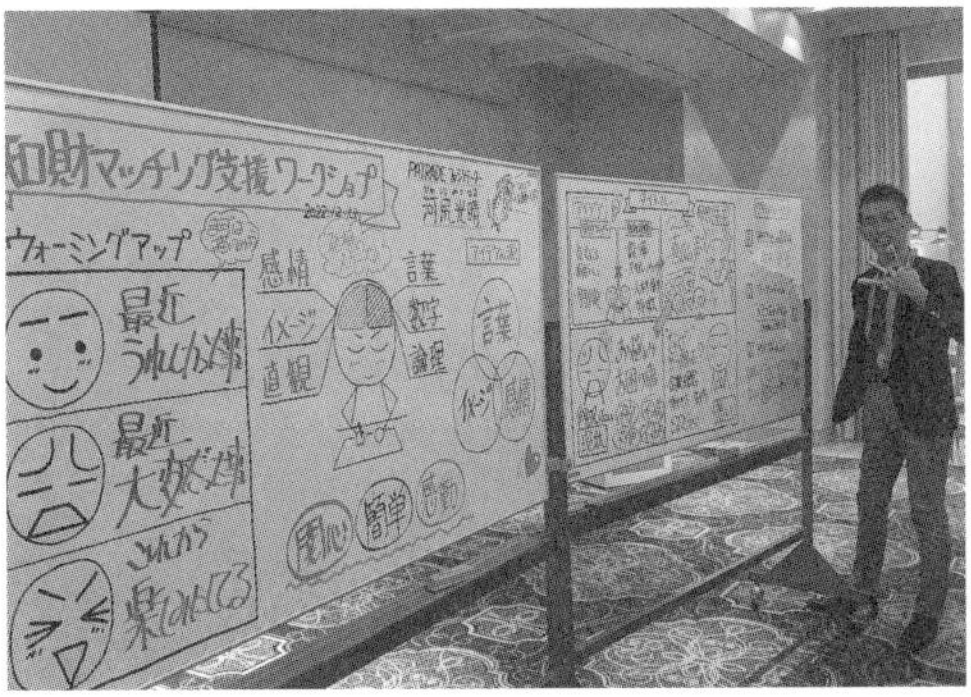

手ぶらで話をするよりも絵を手にして「見せて話す」ことは、話し手にとって、安心感・安定感が増しますので話し方に自信のない方には、ぜひ試していただきたいコミュニケーション術ですね。

人やモノを動かすだけで、話術に頼らずとも受け手の注目を無理なく集めたり、その場の〝一体感〟をつくり、伝わりやすい環境を自然に生み出せます。

僕がスケッチブックやホワイトボードを使うのも〝伝わりやすい〟場づくりを目的とした仕掛けのひとつだからです。自分の話や説明について視覚情報で補助する、という目的もありますが、同時に相手の視覚に動的変化を与える効果を狙っています。

僕が伝えている棒人間について

一般的な棒人間

どんなに絵が苦手な人でも、子どもの頃、棒人間を描いたことがあるんじゃないでしょうか？

一般的に皆さんが知っている棒人間は、上のようなイラストだと思います。○と線によるとてもシンプルな「人の絵」です。線の角度で歩いたり、走ったりさせることができますが、表現に限界があり〝描きごたえ〟がありません。何よりも「感情」が表現できません。

本書で紹介する棒人間は、少し手を加えて、胴体は〝肉付け〟されており、眉・目・口の3つのパーツで表情を描けるようになっています。

本書の棒人間はコレ！

この棒人間たちが、豊かな表情としぐさで、様々な感情やシチュエーションを表現してくれるため、その描き方や表現のバリエーションの増やし方を講座ではお伝えしています。

絵を描くときに、「感情を表現する」とか「表情豊かに描く」とかを先に考えてしまうと、この〝言葉〟に引っ張られて「豊かな感性が必要だ」と思ってしまう方が多いようです。そうすると「私には才能・センスがない」と、自ら「壁」を作って、「描くことに」苦手意識を抱えてしまうのです。

しかし、本書で紹介する棒人間は、感性やセンスに頼るのではなく、「描き方」という知識と技術で表現力を伸ばすことを目指していますので、どんな人でも安心して取り組めますし、すぐに「自分でも描けた！」と感じていただけるはずです。

何度もお伝えしていますが、「絵心なくても大丈夫！」ですので、気軽にペンや鉛筆を持ってください。

なぜ、棒人間なのか？

人類の歴史からみると、洞窟遺跡の壁画にも人型の象形文字として記されたように棒人間は先史時代からのビジュアル言語といえます。絵は本来、情報を人に伝える手段であり、芸術的な特別な才能やセンスがなくても、誰もが使えるコミュニケーションツールなのです。

棒人間は、芸術やアートとは違い、複雑な描写を取り除いた「線と形の組み合わせ」によってシンプルに描くことができるイラストです。シンプルだから簡単で見やすいのです。

そのシンプルさに、「描き順」や「組み合わせの配置」を工夫し、誰でも描ける再現性を高めたのが本書で紹介する棒人間です。

また、多様性が尊重されるようになった現代社会では、性別や人種などに対する偏見・差別をなくすために、中立性のある言葉やイラストの表現が求められることも増えてきました。

棒人間は性別や人種を特定することなく〝ふわっと〟表現できる人物イラストなので、「ポリティカル・コレクトネス（ポリコレ）」的な、解釈のズレや誤解を防ぐこともできます。

（タドラルト・アカクスの岩絵/リビア）

第2章

ビジネスで、こんなに役立つ！「棒人間」活用法

会議、プレゼン、打ち合わせ…話術に頼らず絵に頼る

棒人間を効果的に活用するために

棒人間やイラストの描き方がわかって楽しくなってくると、ほとんどの方が仕事や職場のアウトプットで「自分の描いた絵を活用したい！」と思ってくださいます。

とにかく「自分にも描けた！」というワクワクなまますぐに実践される方もいれば、一方では自分の描いたイラストの〝使いどころ〟や〝タイミング〟に悩む方もいます。

せっかくサクッと使えるイラストの描き方を学んでも、実践できなければもったいないです。まずは自分の手で描いたイラストをどのようにアウトプットしたらよいのか？　その「使いどころ」についてお話しします。

写真3

棒人間が活躍するのは、社内での日々のミーティングや会議、ブレインストーミングの場。特に、一番活躍できる場所と言えば、やはりホワイトボードではないでしょうか。

ホワイトボードがあれば、会議や打ち合わせのような「対話」の場面で、棒人間たちに思う存分仕事をしてもらうことができます。

会議やミーティングで具体的な結論が出ないまま次の回に持ち越す……そんな経験はありませんか？

具体的に結論が出ない会議やミーティングでの原因は、参加者のほとんどが〝手ぶら状態〟で、話し合いが空中戦に終始しているからです。

それを回避し、効率よく意見をまとめるために、活用したいのが「ホワイトボード」。アイデアや発言をホワイトボードに書いて視覚化することで、理解補助・情報共有・情報整理を促し、会議やミーティングの質を高めます（写真3）。

ホワイトボードを置くスペースがない場合、今は巻いて持ち歩けるホワイトボードシートなどもあるので、是非活用してほしいと思います。

イラストを介した対話やコミュニケーションは、お互いの日ごろの考えや想いを見える化するのに役立ちます。大勢で話す場だと気おくれしてしまう人や話すのが苦手な人も、絵を使うと自分の意見を伝えやすくなります。

ちょっとした話し合いでも、イラストを描き加えながらアウトプットするメリットは大きく3つあります。

●発言や情報が定着する

ミーティングでも、アイデアや意見を言葉とイラストで紙に描き出すことは効果的です。言葉やイメージが流れること

イラストを使った企画会議

写真4

写真5

なく、視覚情報として定着し、参加者の理解を補助してくれるからです。

また情報や対話の全体像も共有しやすくなり、参加者の合意も形成しやすくなります。

●話し合いに動きが出る

話しながら、考えながら描いたり、見せたり、描き加えたり、「描く」が入るだけで、手や体は動き、自然と場の空気に動きが出てきます。「話し合う」という中に「見せ合う」という行為が加わることで双方向の視覚コミュニケーションも成立します（写真4・5）。

参加者が順番にイラストを見せ合うことで、平等な発言の機会が生まれ、前向きで活発な意見交換ができるようになります。

板書は動き回って

写真6

ホワイトボードの場合も、板書係がホワイトボードの左右を行き来しながら書くことで、自然と場の空気に動きが出ます（写真6）。

参加者の意見を聞き、それを板書するという流れは、視覚で共有し合える双方向のコミュニケーションが生まれ、ミーティングは活性化していきます。

●場の一体感が生まれる

一般的に多い「配布資料」を見ながら話し合うというスタイル。参加者の視線と意識が手元の資料に向かってしまうため、無意識的に話し合いの積極参加を妨げる要因になりがちです。

描いたものを見せ合う話し合いは、参加者全員の視線がイラストに集中し、全員が同じ方向を見ることになるため、自

全員が同じ方向を向いてミーティングできる

写真7

然と一体感をつくれます。

ホワイトボードを活用する場合は、参加者全員の意識を同じ方向に向けられるため、全体の一体感のみならず全員参加型の雰囲気がつくりやすくなります（写真7）。

〝同じ方向を見ている〟というのはゴールや目標への意識づけや共有には必須!!　そこに文字だけでなく、絵やイラストを加えていただくと場が和み、さらに効果倍増です。

ソーシャルディスタンスが求められる会議では、ともすると場がバラバラになりがちです。ホワイトボードなら、参加者全員の席が離れていても視線や意識を一点に集中させられるというメリットがあるということです。

ホワイトボードを会議室やミーティングルームの隅にひっそり佇《たたず》ませているだけではもったいないですよ。活発で前向きな会議やミーティングにしたいのなら、「ホワイトボード」をもっと工夫して活用してみてください。

棒人間が活躍するシーン❶

説明する場面

自己紹介、講座のポイント、商品・サービスの特徴、ワークの作業手順やプロジェクトの概要などといった「説明」する場面でも棒人間は活躍します。

自分の伝えたい情報やメッセージを確実に受け手に届けるための理解補助として使う場合、「指差し棒人間」が一番描きやすく汎用性があります（写真8）。

ポイントはあまり文字量を増やさず短い言葉で書くこと。

研修時の注意事項やワークショップの「手順」の説明や、発表の際のレジュメなども棒人間で温かみが出ます。文字だけよりも注目しやすく、説明の印象もよくなります。

指差し棒人間が説明

写真8

棒人間が活躍するシーン❷

お願いの場面

「お願い」は、職場でのコミュニケーションでは一番導入しやすいシーンです。

お店や職場の決まり事、セミナーでのグランドルールの告知など、相手にしてもらいたい「行動」を促すときに、この棒人間は最大の効果を発揮します。

言いにくいことも、ぺこりとおじぎをした棒人間にしゃべらせてしまえば、あなたのメッセージは相手に快く届きます。

時と場合、場所やお願いする内容によって棒人間もいろいろ描き分けてみてください（写真9・10）。

お願い棒人間は使いやすい

写真10 店舗や施設で利用者に向けて、徹底したい事を強制的にではなく柔らかく相手に伝える。

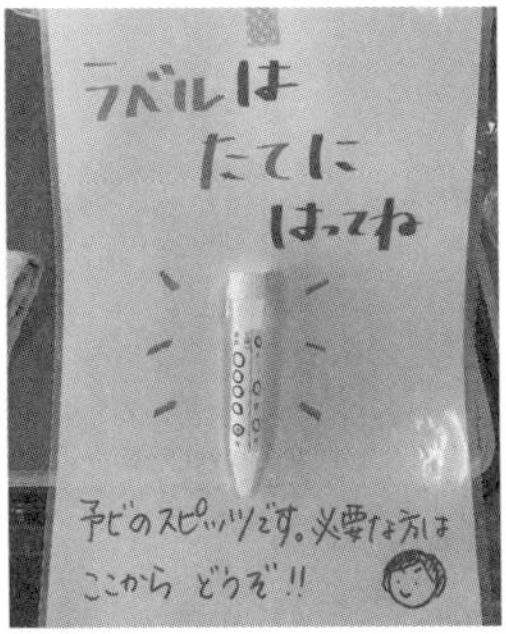

写真9 検査キットの取り扱いのお願い。

棒人間が活躍するシーン❸

つかみの場面

学校の授業、セミナーや講座はもちろんですがセールスなどのシーンでもいきなり本題に入るよりも、まずはつかみとして「質問」を投げかけることで、自分の伝えたいメッセージを相手の〝自分事〟にすることができます。

たとえば、

「スケッチブックを使うメリットって何だと思いますか？」と問いかけます。口頭でもOKなのですが、その際に、質問文を事前にスケッチブックに仕込んだり、ホワイトボードに書き出したりして「質問」を可視化することが効果的です（写真11）。

まずは質問で引き込む

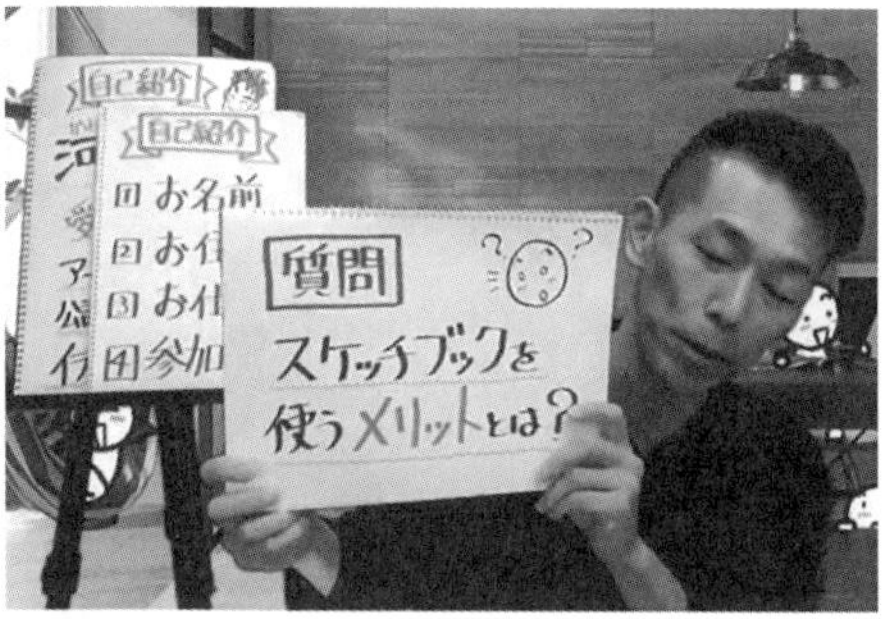

写真11

あらかじめ質問を書いておくと、あとは見せるだけなので安心。緊張しがちな人にもオススメです。

そこに、棒人間がいると、〝共に考える〟空気をつくっていけるでしょう。

人は話し出すとついつい自分のことばかり話したがる生き物だったりします。質問しようと思っていても、つい自分の話に一生懸命になりすぎて、相手に聞くことをすっかり忘れてしまう……なんてこともあるかもしれません。

それを防ぐためにも相手に投げかける「質問」を、棒人間を添えて準備しておくことで、確実にその場をつくる機会が確保できますよ！

棒人間が活躍するシーン❹

頭の整理

人間は黙っているときでも頭の中でいろんなことを考えているものです。

頭の中のひとり言みたいなものですが、自分との対話ともいえますよね。

自分との対話……なんていうと、ちょっと大げさかもしれませんが、まんざら違ってない気もします。イラストや文字を描きながら考えるということは、ふだんとは違う脳の使い方を促します。手を動かし、紙とペン先の感触を感じながら、頭の中で「言語情報」「視覚情報」「聴覚情報」「体感情報」の各処理能力が連動するからです。

論理的な思考と感覚的な思考が同時に刺激され、「集中」と「リラックス」の状態をつくります。

脳と心の調和がとれた状態に入ると、ずっと考えていた課題の解決策が急に浮かんできたり、それまで出てこなかったアイデアが急に閃《ひらめ》いたり、自分がふだん自覚している以上の脳内パフォーマンスを発揮してくれます。

パソコンやスマートフォンの普及で、「手書き」をする機会が少なくなったからこそ、描きながら考えることを日常的に取り入れて、思考力や創造力を高めてみてはいかがでしょうか？

棒人間が活躍するシーン❺

スライドの場面

PowerPointやKeynoteなどで作成したビジュアル資料でも棒人間は活躍します（写真12）。

イラストプレゼンのご相談で一番多いのが、

「温かみのある資料を使って、話ができるようしたい！」

というご要望です。

これに応えられるのが、棒人間です。

すべてがアプリまかせで機械的に整然とした図解資料は確かにキレイかもしれません。でも「心」が動かないんですよね。だからこそ僕は、棒人間などの手描きとの合わせ技で資料を作成することをオススメしています。

PowerPointにも棒人間

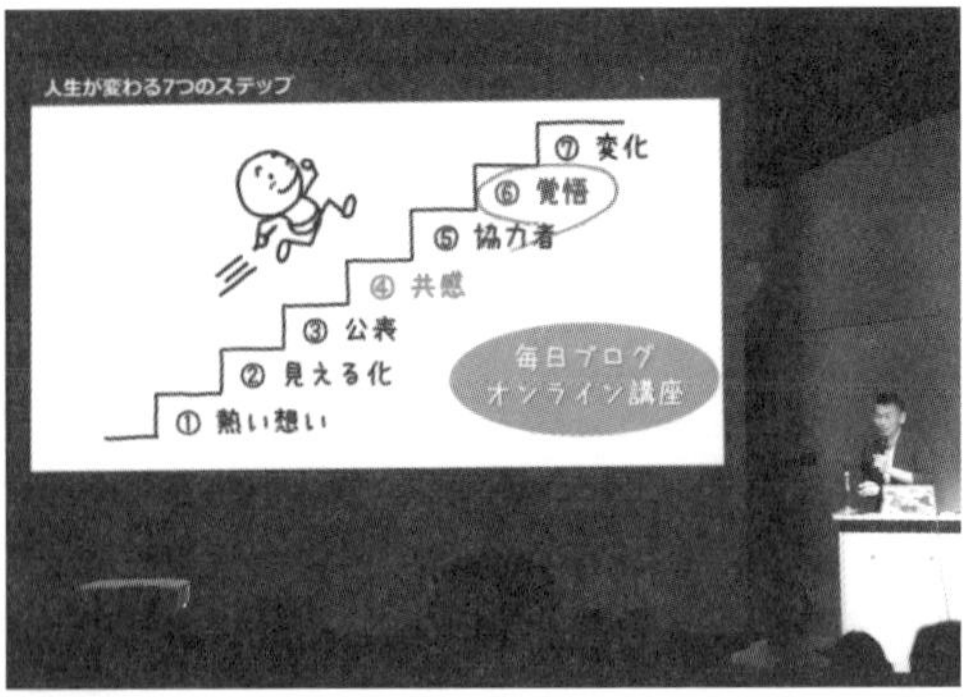

写真12

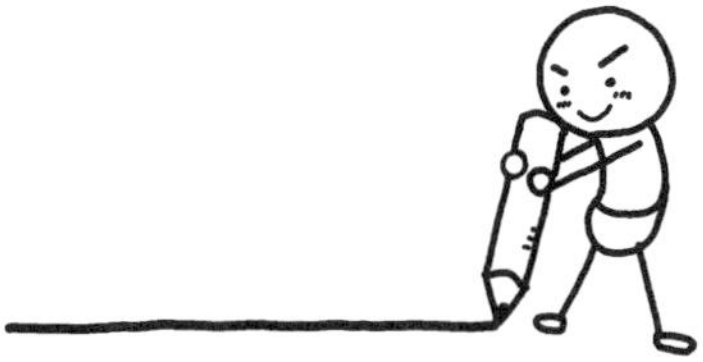

なぜ手描きがあると人は〝温かみ〟を感じるのでしょうか？

ひとつは、「線」にあります。

僕自身、イラストでも図解の罫線でも線を引くときは、定規やアプリの直線機能は使いません。求められているのが、どんなに真っすぐでも、整然とした形状でも、です。あえて、手描き感を出すようにしています。

手描きの線は、どんなに真っすぐに引こうと思っても、わずかなブレが生じます。ですが、それが〝人間味〟として見る人には伝わります。

それこそが、「手描きの温かみ」。情報の伝え手としては無機質にならないよう温かく伝えたい！　という想いを、相手に届けている証《あかし》です。

PowerPointやKeynoteなどで資料を作ると、図形描画機能でキレイな線も図形もサクサクと簡単に作れてしまいます。

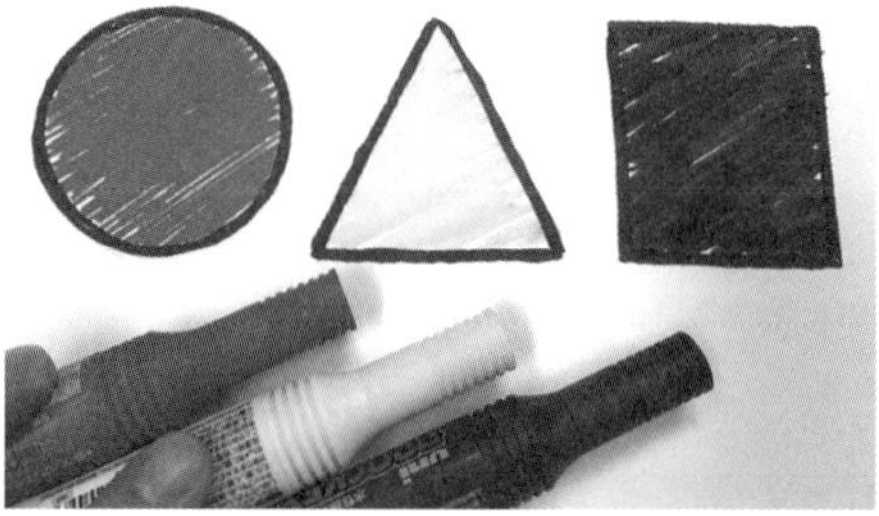

写真13

ネット検索すれば、既に仕上がっているフリー素材のイラストや図形を使うことだってできます。〝キレイに整った線や形〟は、自分が使うビジュアル資料に誰でもカンタンに取り入れられるのです。

ただ、そこに人間味や、親しみやすさが醸《かも》し出せるか？と言われるとどうでしょう？

人の手だけではブレたり曲がったりまったくせずに描くことは難しいし、手間もかかります。線のブレや色塗りのムラや塗り残しもあるでしょう。それでも、きっちり描かれたものより、フリーハンドで描かれたもののほうが、〝味〟が出てきますよね（写真13）。

これこそが、デジタルツールの便利機能では出せない、フリーハンドのアナログ線画の強みであり、面白さ、楽しさともいえます。機械や道具を使っては宿ることのない描き手の息遣い……絵や図解のちょっとした〝不完全さ〟が、飾らない自然な空気感を醸し出してくれます。

それでも皆さんの中には、

「○△□はおろか、真っすぐ線を引くのだって難しいんですよ～」

「器用な人なら〝味〟かもしれないけど、私は不器用で……」

という方もいるでしょう。

苦手意識が先行するとどうしても気持ちが落ち着かず、手の動きは雑になるかもしれません。まずは焦らず慌てず深呼吸してください。

まず、ここで大切なのは、

丁寧に描く

ということです。丁寧に描こうとする時点で、そこにわずかでも〝伝えたい〟〝わかってもらいたい〟という想いがペン先に宿り始めます。そして、〝拙《つたな》さ〟や〝雑さ〟が、むしろ〝味わい〟となり、これが受け手にも伝わるのが、手描きの力です。

絵やイラストが拙いとか完璧に描けないということは気にせず、丁寧に描く！　むしろそれが「個性」や「武器」にさえなっていく。これは人間だからこそ成せるワザです!!　完璧に仕上がったものなんて面白くありません。〝不完全〟〝未完成〟上等です！

〝スキ〟や〝ツッコミどころ〟があったほうが、ビジュアル資料は楽しく見てもらえますよ！

棒人間が活躍するシーン❻

カジュアルな話し合いの場面

ビジネスの場に、棒人間を手軽に連れていけるツールはスケッチブックです。ランチミーティングなどのカジュアルな場所では、スケッチブックで棒人間を活躍させるのがオススメです（写真14）。

スケッチブックのメリットは、自分の話し方を変えなくても、「動き方を変える」だけで、印象が大きく変わる、ということです。

P42でもスケッチブックやホワイトボードを使った「動き」については説明しましたが、具体的には次のように「動き」をつくることができます。

スケッチブックなら、いつでもどこでも持ち歩ける

写真14

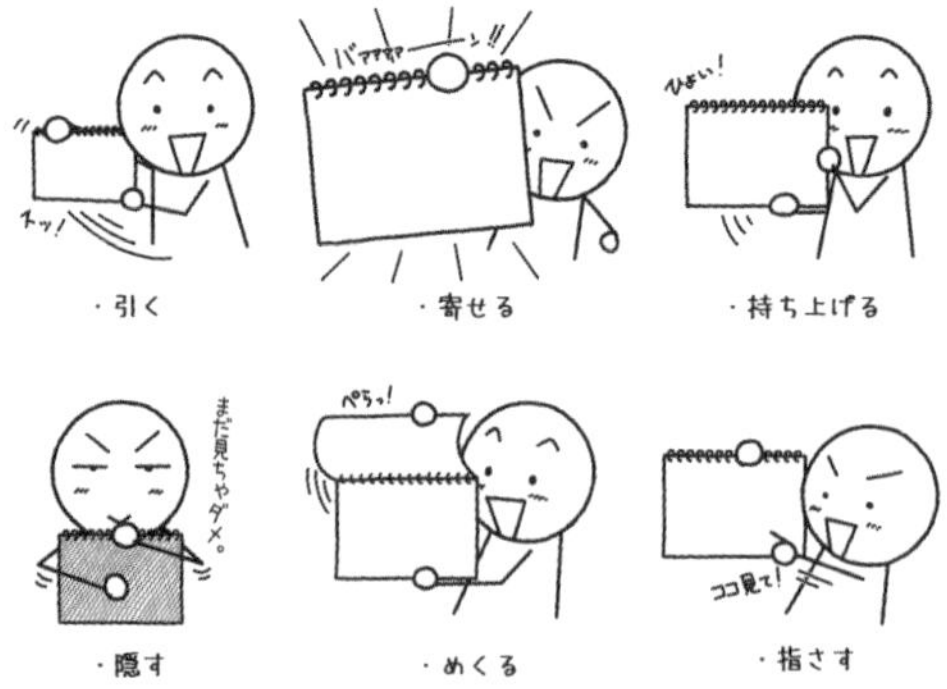

スケッチブックを手に取れば、

- 持ち上げる
- 相手に寄せる
- 相手から引く
- 指を差す
- 紙をめくる
- 伏せて隠す

いろんな「動き」が生まれます。すると、相手はスケッチブックに注目してくれるので、催眠術のような特殊な能力がなくても、自分の〝思い通りに〟視線誘導もできるようになります。

またホワイトボードでは、

- **文字や絵を描く**

だけで「動作」が加わります。さらに言うと、このときの動作をもっと分解すれば、

- **背を向ける**
- **振り返る**
- **腕を伸ばす**
- **膝を曲げてしゃがむ**
- **ホワイトボードの左右に動く**
- **手を止める**
- **相手に見やすいよう視界から消える**
- **ホワイトボードを回転させる**

これらもすべて、「場づくり」の動作になります。

「板書するときに背中を向けるのはＮＧ」と言われ、それを気にしすぎて、「ホワイトボードが使えない……」という方がたまにいらっしゃいます。

背中を相手に見せないように板書するのが難しくて、躊躇されるそうですが、僕は声を大にして言いたいです。

相手に背中、見せたらいいんです!!　「武士」じゃないんだから。

相手に背中を向けているときは、その時間を短くする努力は必要ですが、

背を見せ、振り返る！

という動作の組み合わせで、場に大きな動き（躍動感）を生み出せますよ!!

Powerpointスライドだと、自分も演台から動かずその場でずーっと話をすることになり、相手の視線もスクリーンに

固定されてしまうので、場の空気が動きませんが、ホワイトボードの前に立つとめちゃめちゃ動きます。

話し手が動けば、場の空気が動き、それにつられて相手にも動きが生まれて、飽きさせず前向きに注目してもらえる態勢を持続させていくことが可能になります。

棒人間が活躍するシーン❼

オンライン会議

最近増えたオンライン会議にも、「動き」は特に役立ちます。

オンラインセミナーやオンライン講座に参加中しばしば起こること……それは、スピーカーの方は一生懸命お話ししているのに、見る側がどうしても眠くなってしまうということ!!

これ、往々にしてありますよね。

この原因は、話し手の話術の問題よりも、話し手の画面に変化が起こらないことにあります。

ビジュアル表現を画面共有のスライドに頼り、みんなお地蔵さんのように画面上、不動のポジションでお話しされてるパターンが多いと思います。

スケッチブックでオンラインの画面にも動きが生まれる

写真15

この状態って、見てる人を退屈させるかなり大きな一因だと感じてます。画面に動きをつけるという点では、身振り手振りを大きくしたり、アニメーション機能を使ってスライドに変化を出すなんていうこともできますが、これらは平面的な動きになるので画面の変化には限界があります。

そこでポイントになっているのが、見ている人を動かすという考え方です。

セミナーの途中で「ストレッチや体操を入れる」なんてことをされている方もいらっしゃいますが、そういう唐突なものではなく、相手に無理強いをさせることなく自然と相手を動かす方法です。

相手を退屈させずに、画面に集中してもらうための仕掛けとして、スケッチブックはオンライン上で「動き」を生み出す画期的なアイテムです（写真15）。

画面に接近する「寄り」

写真16

画面から離れる「引き」

写真17

スケッチブックは視覚で言葉の情報を補完する目的もありますが、見る側の動きに変化を与える効果を狙えます。

スケッチブックを手に取り、「寄り」「引き」で見せることで、自分のスピーカー画面上に〝奥行き〟をつくり、画面を三次元化して見せながら伝えることができます（写真16・17）。

寄せては返す波のように、前後に動きを加えて視覚的緩急をつけていくことで、躍動感ある画面演出とともに、不思議と見る人も話し手の動きにつられて、自然と身体が動いてる！　なんてことも起こります。

①養護教諭の事例

職場で棒人間を活用している保健室の先生、各クラス担任の先生向けに配布した「歯科検診のチェック表」。前年まではこんな感じのものを配布されてました。

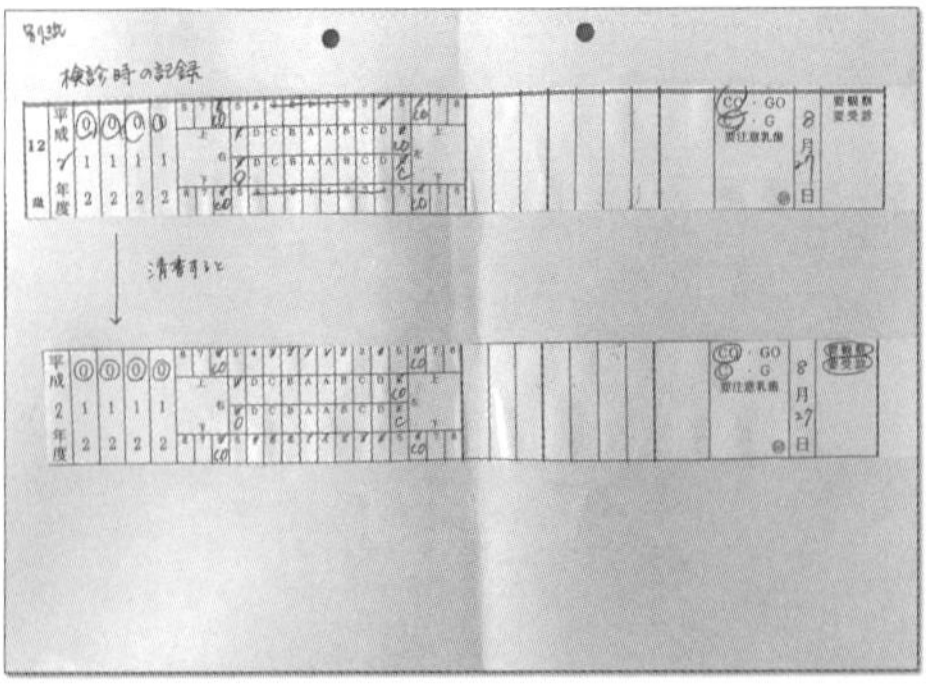

チェック表の記入方法を伝えるものなのですが、なかなかしっかり見てもらえず作業のポイントを理解してもらうために時間がかかっていたようです。また、味気ない業務連絡は、相手に抵抗感を与えてしまうこともあったため、棒人間をアレンジしたオリジナルのイラストを使って、見せ方を工夫しました。

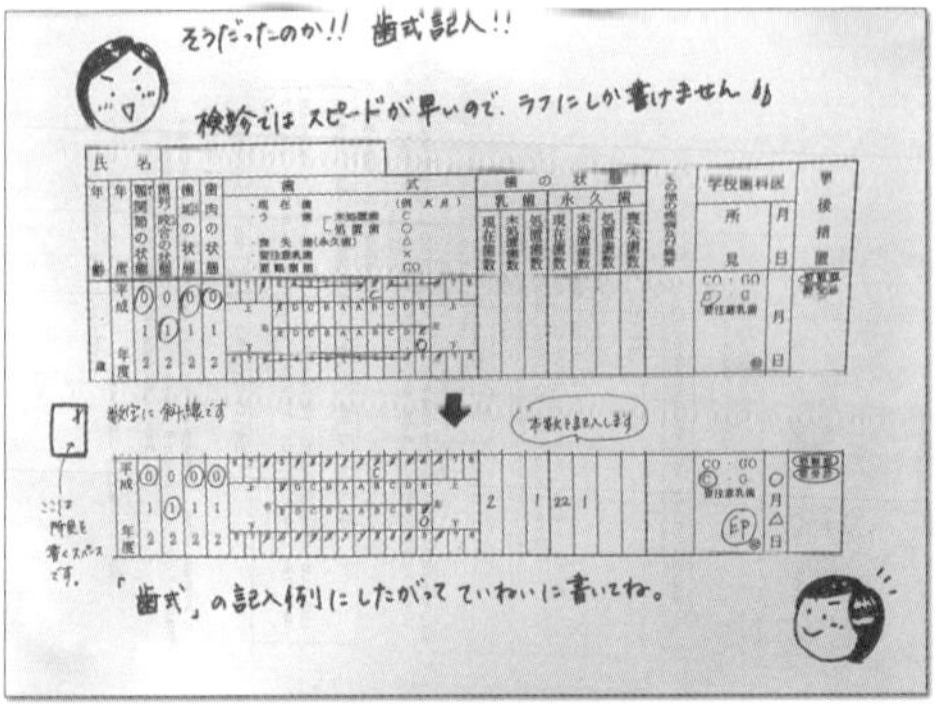

棒人間の表情で伝えたいポイントが、ひと目でわかるようになっていて、棒人間イラストによって遊び心が生まれ、好意的に受け取ってもらえたそうです。イラストがあるとないとでは、見え方が変わってくるのがわかります。

無機質になりがちな職場の業務連絡も、言葉とイメージが加われば、わかりやすくかつ“和やかに”相手に届けることができます（イラストは単なる飾りではなく。「わかりやすく伝えたい」という配慮の表れなのです）。同じ資料で同じ情報を伝えるとしたら、イラストがあるのとないのとでは、皆さんはどのように感じますか？

Before

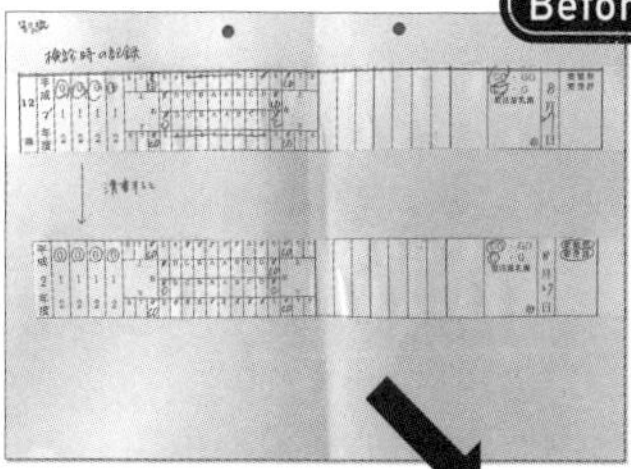

事務的なお願いも
イラストという〝配慮〟で
見やすく、
伝わりやすくなります

After

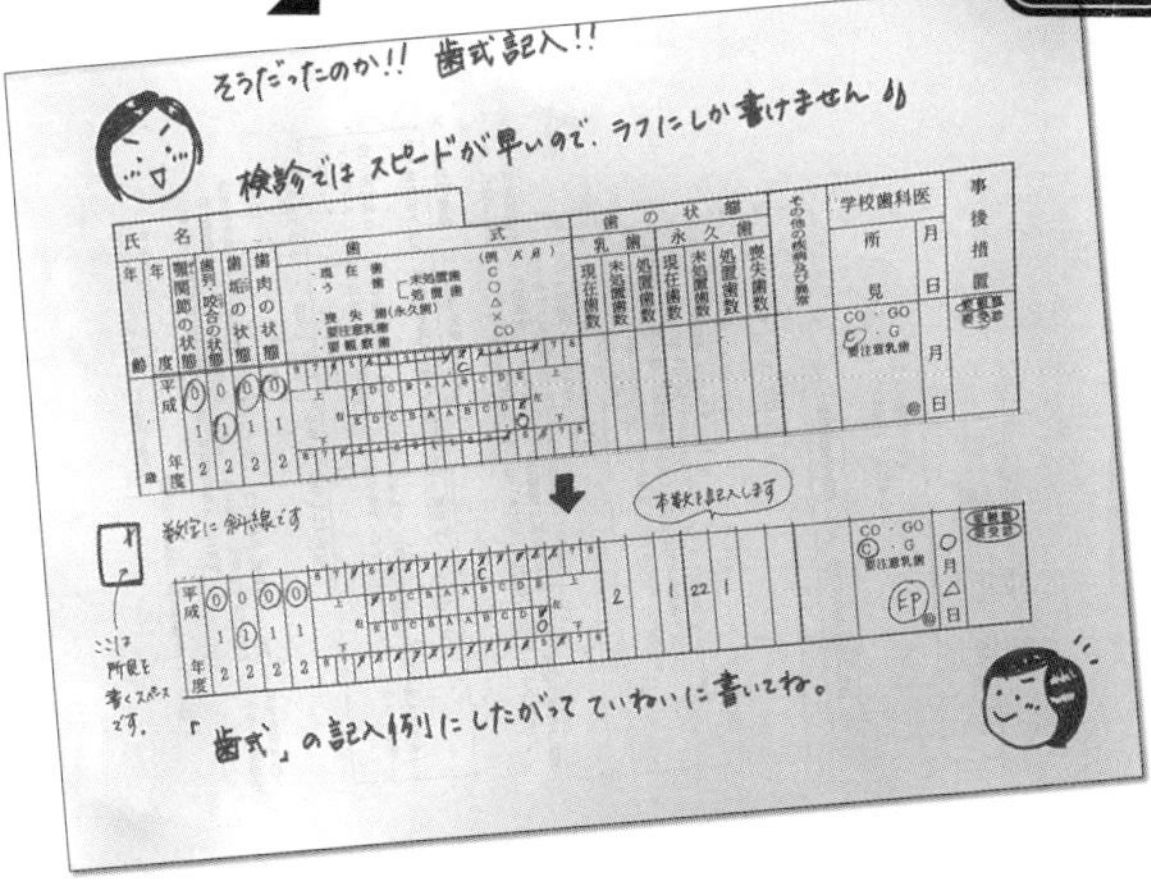

②研修講師の事例

介護業界で講師活動をされている方のホワイトボード活用例です。

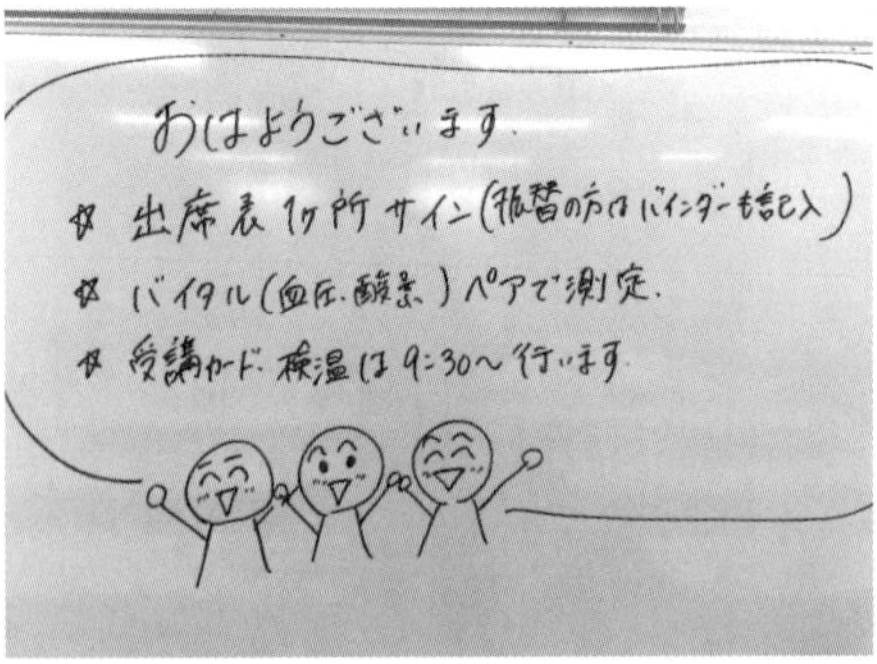

研修が始まる前にホワイトボードに棒人間を描いて、連絡事項やグランドルールをわかりやすく視覚で伝える工夫を施されています。

ワークショップの役割決めでも手描き資料を配布されます。何気ないことですが受講者さんの緊張もほぐれ、講師が事細かに説明する手間や時間が圧縮されて本題にかける時間が充分に確保されるようになりました。棒人間が、とても心強いアシスタントになってくれています。

③業務連絡の事例

教職員向けのイラスト講座も増えてきていて、職員室や保健室周りに棒人間が増殖している学校もあります。ちょっと遠慮がちになりそうな毎日忙しい先生方への連絡事項も、棒人間に助けてもらうことができます。

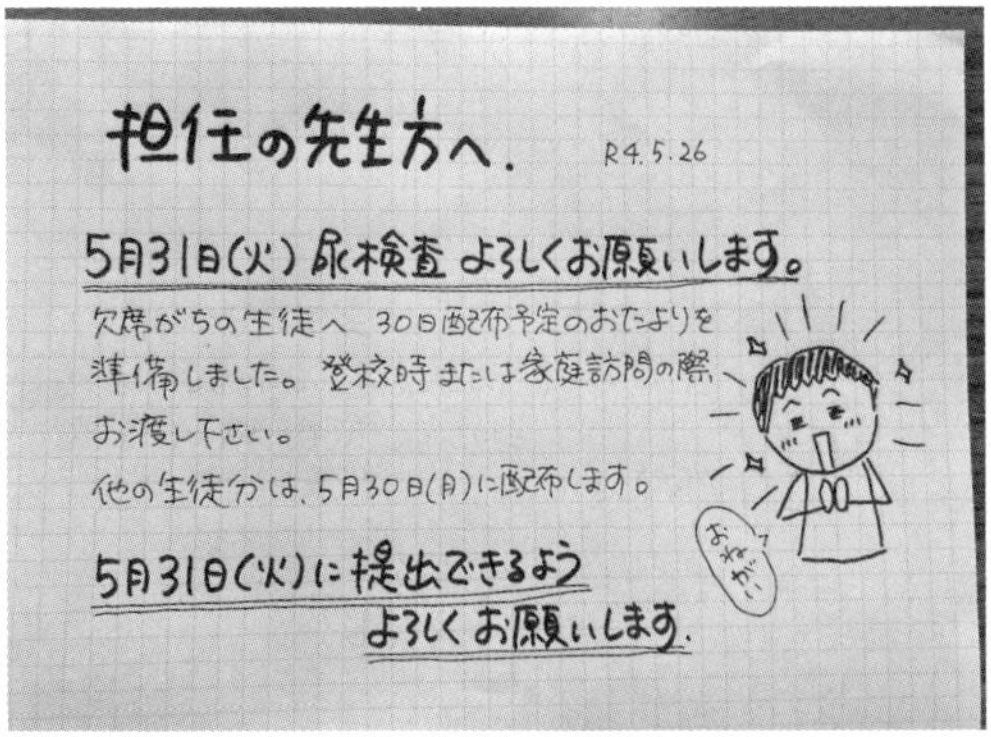

こういう類のお願いって、言い方やタイミングによっては人を「イラッ!」とさせてしまいがちですが、棒人間が緩和して大事なことを的確に伝えてくれます。

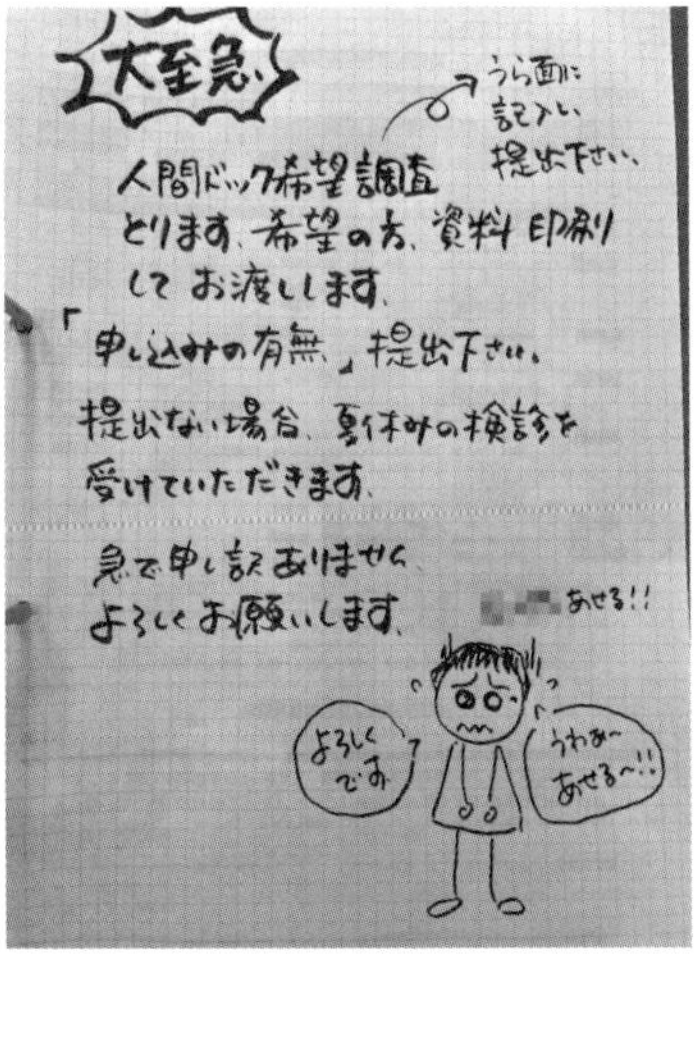

お願い棒人間10パターン

なんでも使える万能タイプ

職場だけでなく、ちょっとしたメモでも、
もっとも使いやすいのが、
この「お願い棒人間」だと思います。
言いにくいこと、頼みにくいことに添えたり、
こちらの気持ちを伝えるとき、
言葉だけでは足りないな〜という場面で
是非いろいろご活用ください。

少々かしこまっての依頼

上司などには使用禁止

何とかお願い、なにとぞ…

ハートは使い方しだい

ノリのいい人向け

楽しいお願い、などに

チェックや確認のとき

ジョークがわかる人へ

平身低頭、全力でお願い

第3章

絵心ゼロでも
大丈夫！
誰でも描ける
棒人間

紙とペンだけ用意して、
まずはとにかく描いてみよう

あなたが「描けない」のは学ぶ機会がなかっただけ

本書の「棒人間の描き方」は、センスや感性で絵を描くといった抽象的なアプローチではなく、再現性のある仕組みやノウハウで誰でも描けるように工夫されています。

「そんな決まった描き方を学んだら、みんな画一的な絵しか描けなくなるんじゃない？」なんて心配されるかもしれませんが、「描ける楽しさ」が体感できた方は、自然と個性や感性が広がっていくと僕は考えています。

「イラストが描きたいけど描りない」「イメージが思うように描けない」という話も耳にします。

これは多くの方が、日常的なアウトプットとしてのイラストの描き方を知らないからで、そもそも、「イラストの描き方」をふだん描きのスキルとして教えてくれる場が、どこにもなかったからともいえます。

絵画教室はあっても、「ふだん使いのイラスト教室」…なんてあまり見かけないですよね。あったとしても、かなり趣味的、個人的なものではないでしょうか。

絵やイラストを描くことは、アートや芸術、趣味の世界など一部の人たちの能力に思われがちです。でも僕は「絵」を、誰でもすぐに持ち合わせられるコミュニケーション能力だと思っています。

だからこそ、文字を書く、言葉を話すだけでなく、イラストや絵を使ったアウトプットを日常的にできる人が増えたら、人の「伝える」技術は、もっと進化するんじゃないでしょうか。何かを伝えたり、説明するために〝ササッと描く〟ふだん描きのイラストに必要なのは、才能やセンスではなく、「伝えたい」という気持ちだけ。それに、「描き方」のちょっとしたスキルやコツが加われば、誰でも描けるんです。

　そうです！　何度でも繰り返しますが、「絵が描けない」「絵が苦手」なのは、絵心や才能、センスの〝ある〟〝なし〟ではありません!!　ただ〝描き方を知らなかった〟〝描き方を教えてもらってなかった〟〝伝えるコツを学んでなかった〟だけなのです。

●すべての人に描ける自信と伝わる喜びを！

　小さい頃は絵を描くことが好きだったはずなのに、当時の学校の先生や友だちに心無いことを言われたり、よくわからない評価基準によって低い成績がつけられたりしませんでしたか？

それをキッカケに「才能がない」と勝手に感じて、「描けなくなった」「苦手になった」という方は多いです。「私、絵心ないんです」と言われる方は、かなりの確率で小中学校時代の経験によってその人の「苦手意識」に大きな影響を及ぼしていることを感じます。

しかし、ステップアップで描き慣れていけば、誰でも必ず上達します。

まずは、描けるようになる「知識」と「やり方」を知ってもらうだけ。それだけで、ふだん描きイラストなら誰にでもすぐに描けます。講座でたくさんの受講生と接している僕だからこそ、これは断言できます！

棒人間を通して自分で描ける面白さを知り、人に伝える喜びを感じてもらえたら嬉しいです。

それでは、具体的な棒人間の描き方、楽しみ方に入っていきましょう！

棒人間を描いてみよう

写真18　uniのプロッキーは文字もイラストも描きやすい

用意するもの

❶ノートやメモ帳・コピー用紙などに描く場合

サインペン（太さは「名前ペン（細字）」ぐらいのものがベスト）

鉛筆・消しゴム（下書き用）

❷スケッチブックに描く場合

水性カラーマーカー（太字・中字タイプ）

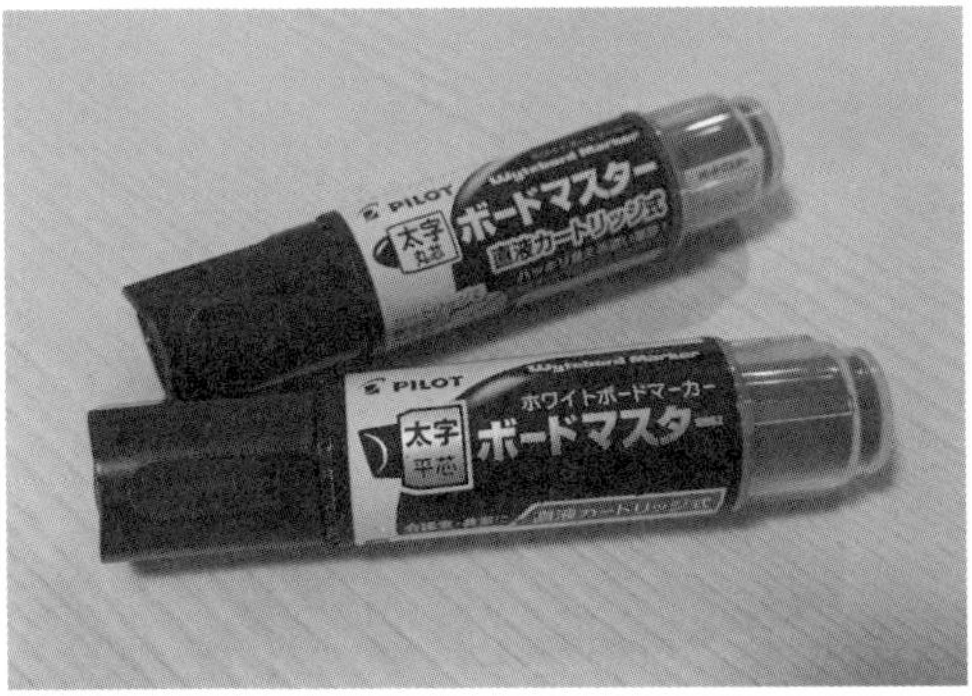

写真19　パイロット　ボードマスター

鉛筆・消しゴム（下書き用）

❶❷の紙ベースで手描きするイラストにおいて、僕が推奨しているマーカーは、三菱鉛筆（ｕｎｉ）の『プロッキー』です（写真18）。

紙との相性も良く、ペンの走りも滑らかで絵も文字も抜群の描き心地！　はじめての方でも用途に応じて選べるとても使いやすいマーカーです。

❸ホワイトボードに描く場合

ホワイトボード用マーカー

（パイロットの『ボードマスター』「太字」）（写真19）

●ペンの基本の使い方

「ペンの使い方なんて知ってるよ！」と思われるかもしれませんが、意外と固定観念にとらわれている方が多いのです。

受講者から、「ペンはいろんな方向に回しながら描いていいんだ！」とか、「線を重ねて描いていいんだ！」とか、「今まで自分が『やってはダメだ』と勝手に思い込んでいたことから解放されたら楽しく描けて、スケッチブックも素敵に仕上がりました！」という感想をいただくこともあります。

子どもの頃に「お習字」「書き方」では、「流れを大事に一筆書きで！」「墨汁の二度づけ禁止！」「重ね書き禁止！」みたいなことを言われましたよね。それが絵を描くときのペンの扱いでも潜在的に「規制」が働いて、表現が縛られている人が多いようです。ふだん描きのイラストでは、キレイに描くよりも見やすく描くという視点で、イラストの描き方と併

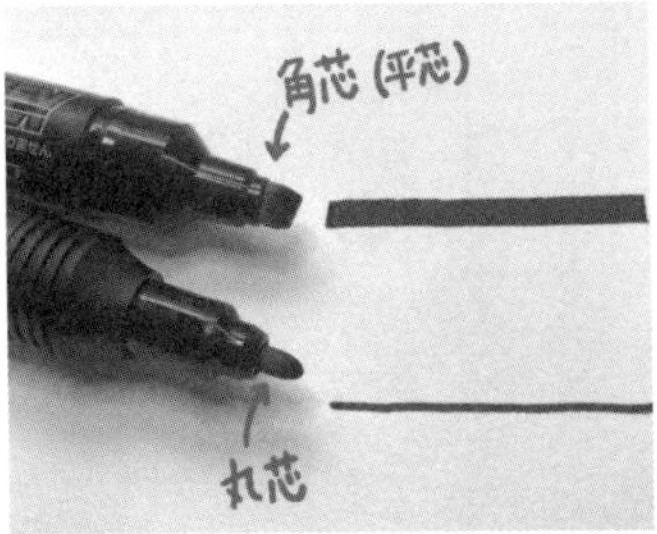

写真20

写真21

せて、マーカーの活用法もお伝えしています。

『プロッキー』のペン先は丸芯と角芯（平芯）の2種類があります。この違いをちゃんと意識して描けるようになると「表現の仕方」が格段にアップします。

特に角芯（平芯）の向き。この向き次第で、どんな線が引けるのか？　がわかってくると自分が描く「線の種類」はいくらでも増やしていけます。

太く描くことも細く描くことも自由自在！　強弱やメリハリもつけられます。線を重ねて描けば極太の線も引けます（写真20・21）。

はじめての方は黒と赤と青の3色さえあれば十分に楽しくわかりやすい手描きに挑戦できますよ！

基本の棒人間の描き方

ここから先は手を動かしながら読み進めてくださいね。

おそらく皆さんが従来知っている、マッチ棒のようなスタイルの棒人間とはちょっと違う印象があると思いますが、本書で紹介する棒人間が描けるようになると、一気にあなたの絵の表現力は高まります。

では早速、紙にペンでも鉛筆でもいいので、とにかく描いてみてください。

基本的な描き順はこうです。

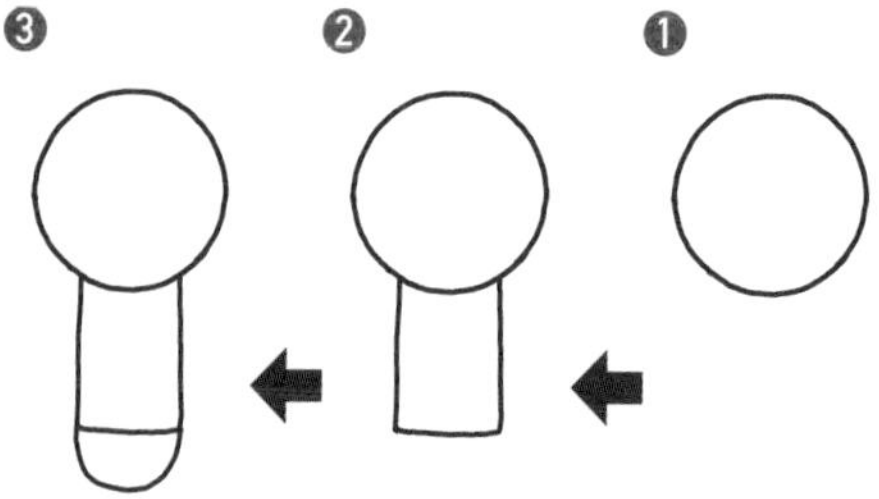

【基本的な描き順】

❶頭…○を描く
❷身体…○から下に□を描く
❸腰を描く
❹脚を描く
❺腕を描く
❻顔を描く

というような描き順で線と形を組み合わせていくことで、全身が描けます。

顔の表情もシンプルに、眉＝線、目＝点、口＝線を描くだけでかわいい棒人間の出来上がり！ です。

描き方 2

線の長さに注意してバランスを整える

棒人間を描いたら動きを付けたくなります。でも、ちょっと待って！　動かす前にお伝えしたいポイントがあります。

「腕は肩から伸びていて、その先に手がある」。

たいていの人はこんなイメージで、腕や脚を描きますよね？

基本の描き方①はこの手法なので、もちろんコレはこれで「正解」。ですが、この思い込みを野放しにしておくと、腕・脚を描くときに〝びよ～～～ん！〟と線を引いてしまい、〝ゴム人間〟のような表現になりがちです。

先にゴールを決めて

線をつなぐ

なぜかというと、「線を伸ばす」という意識だと、無意識レベルで制御が難しいんだと思います。ですから、「腕と脚のバランスがどうもうまくとれない」「難しい動きを描こうとすると腕と脚のバランスが崩れる」……というお悩みがある方には、ぜひ「意識の切り替え」という「コツ」を知ってほしいと思います。

では、どう考えるかというと……?

先に「手」「足」のゴールを決めて「線でつなぐ」と考えます。

つまり線を引くときには、どの長さまで引くのかという「ゴールを明確にする!」ってこと。やみくもに先の見えないところに向かって線を引くのではなく、始点と終点を明確にして、線でつなげばOK。画力や技量に関係なく安定した違和感のない、バランスのとれた腕・脚が描けます。

描き方 3

歩く棒人間

「歩く棒人間」は描き方を知らないと、けっこう難しいと感じる方は多いです。従来の棒人間だと上記のような表現が限界です。イマイチ躍動感がないので、動いているのように見えなくはないけど、微妙ですよね……。

僕流の「歩く棒人間」は次のように描きます。

【描き方】

❶体を描く

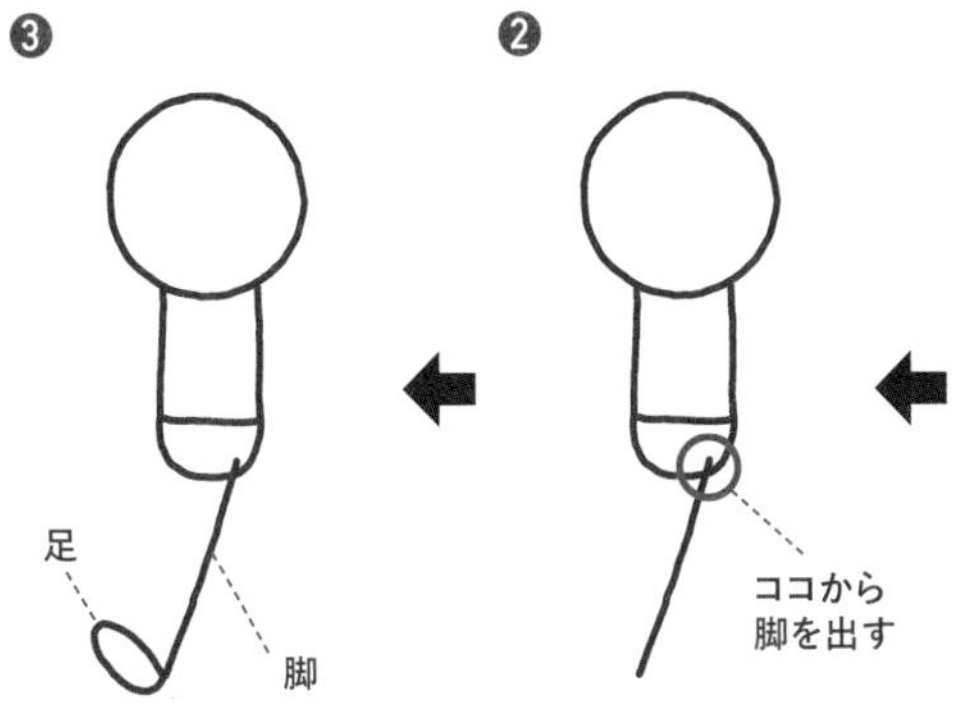

ココは基本の棒人間と全く同じ。丸と四角と半円の組み合わせで、ただまっすぐに描きます。

❷前に振り出す

左脚が前に振り出すように斜め線を引きます。

あまり横に広がらないように描くのがポイントで、身体の幅に合わせるくらいがベスト。

❸前に振り出す「足」を描く

「脚」に対して直角になるイメージで「足」を描きます。つま先が上を向くように描くことで真っすぐ振り出しているイメージが伝わります。

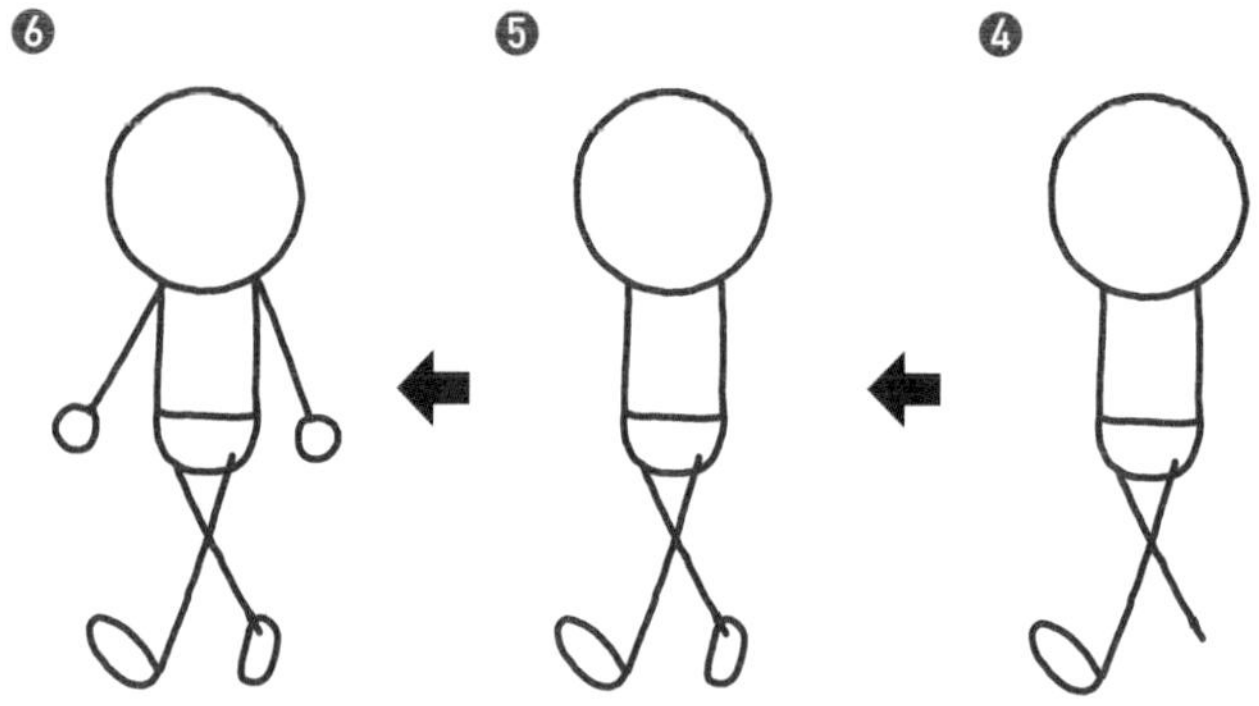

❹後ろに引く「脚」を描く

左側の脚をクロスさせるように斜めに線を引きます。❷より少し短めに引くのがポイント。腰の下には三角形がしっかり見えるように描きます。

❺後ろに引く「足」を描く

❸の足とはつま先の方向とは逆で地面についているように縦長の○を描きます。少し小さく描くことで「奥行き」が生まれますので足が前後に開いているイメージに見えてきます。

❻両腕を描く

両腕は、基本の棒人間を描くように頭と体の両接点からた

だ斜めに線を引くだけでＯＫ。そうすると……あら不思議。キレイに脚と腕が交互に前後するように歩いているイメージに仕上がります!!

顔を付けたら進行方向がよりわかりやすくなります。

●ポイントは「クロス」

この棒人間、両腕を体に対して前後に振りながら歩いているように見えませんか?

実際は「脚」にある工夫をしただけ。基本の棒人間から脚の形を変えるだけで身体の向きは、腕の動きもガラリと変わっちゃうんです。面白いでしょ?

棒人間ってシンプルな表現の中に人の目の錯覚を利用して見せているところが、いろいろあります。

もうひとつの錯覚ポイント、脚を表現している線の始点と

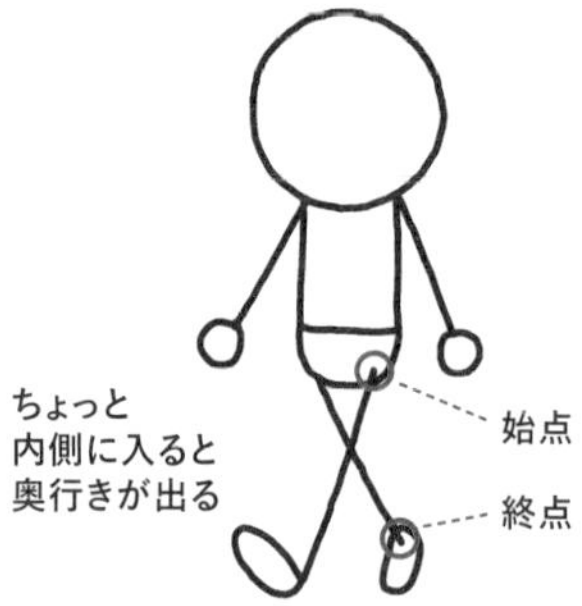

終点です。

　じつは、振り出しの脚の直線の「始点」は腰の内側、引き脚の直線の「終点」は足の内側、という描き方をしています。これで、見る人は〝どこが手前で、どこが奥にあるのか〟を、勝手にイメージしてくれるのです。

　一見やってもやらなくてもいいような些細な表現ではありますが、このわずかな〝配慮〟が、棒人間にかわいい雰囲気やダイナミックな動きを生み出してくれるんです。

　ポイントは、ずばり「クロスさせる」こと。普通に描くと、上のように、何とか描けてはいますが、ちょっとした「違和感」があります。

　人は歩くとき、上記のような両手両足一緒の方向ではなく、対角線上に腕と脚が交互に動いていることをみんな知っているからなのです。

描き方 4

走る棒人間

僕のブログで、この1年間で最もアクセス数の多いのが「走る棒人間」の記事です。

アクセス解析をして、検索ワードを見ると「走る　人間　描き方」「走る　ポーズ　描き方」というような検索で、僕のブログにたどり着くパターンが多く「人が走っている姿を描きたい」と思ってる方が、たくさんいらっしゃることがわかってきました。

ただ「走る人」というのも、腕と脚が交差していて一見難しそうに感じる方も多いと思います。

フリー素材のイラストを見て、自分で描こうとしても「何

がどうなってるのか、よくわからない……」と思う方も多いんじゃないでしょうか。

「描き方」のサイトを見つけても、プロかセミプロ仕様の〝描ける人〟向けの解説だったりして、一般の人にはちょっとわかりづらいことも……。それで、挫折された方もいるんじゃないでしょうか？

かといって、コレまでの棒人間で「走る姿」を描いても、簡単には描けるけど、あまり可愛くないし、両手両足が一緒に動いているように見えて、なんか気持ち悪いし、描いていても〝手応え〟も〝達成感〟も感じられませんよね。

そこで僕がお伝えしている「走る棒人間」、コレを知っておけば誰でも描ける、描き順についてご紹介します。

【描き方】

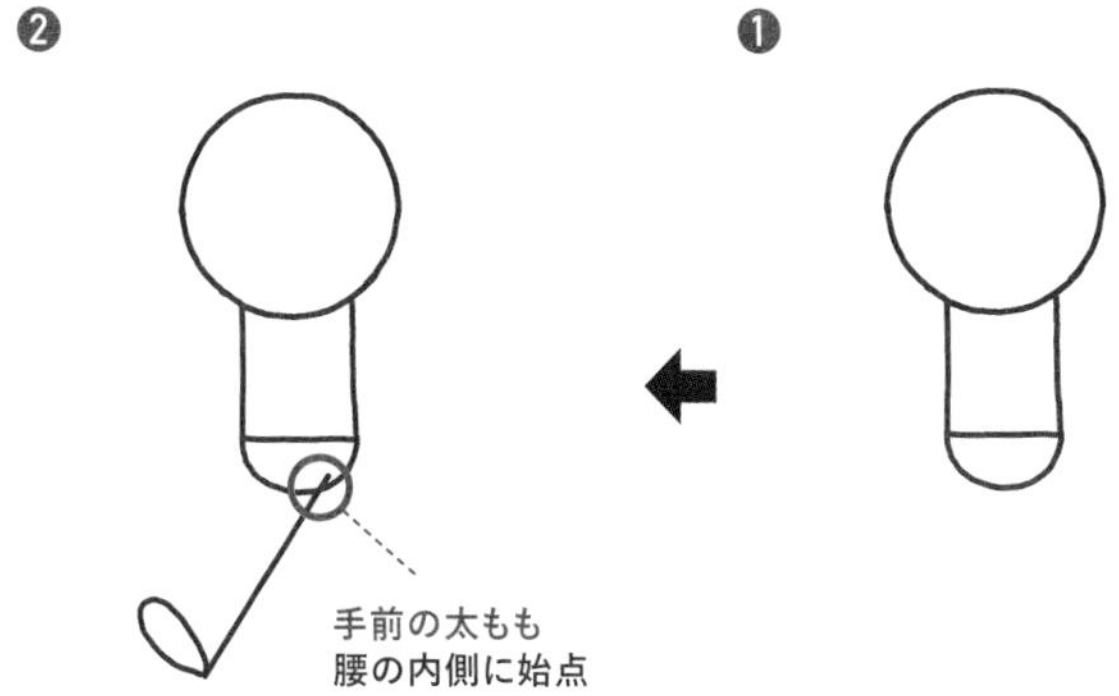

❶ 体を描く

ココは基本の部分です。丸と四角と半円の組み合わせ。ココまでは正面を向いて直立した棒人間の描き方とまったく同じです！

躍動感を出したいからといって、変に線を曲げたりする必要はありません。

❷ 脚（振り出し）を描く

前に振り出す脚が手前に来るように描きます。

膝を曲げて突き出すのではなく「つま先」が一番前に来るように描くため、脚は「直線」になります。

ポイントは「歩く棒人間」と同じく、腰の内側から描き始めること。これで体の向きが決まります。

❸

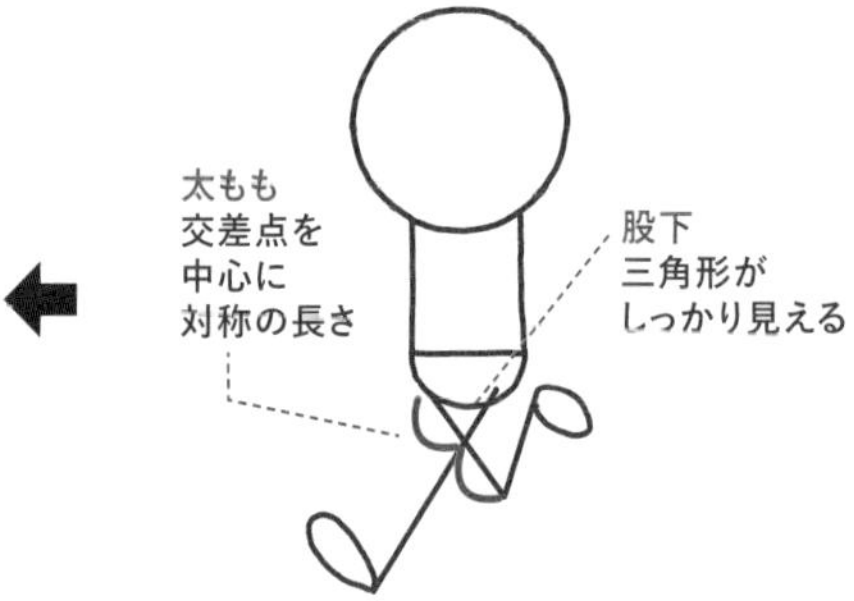

❹

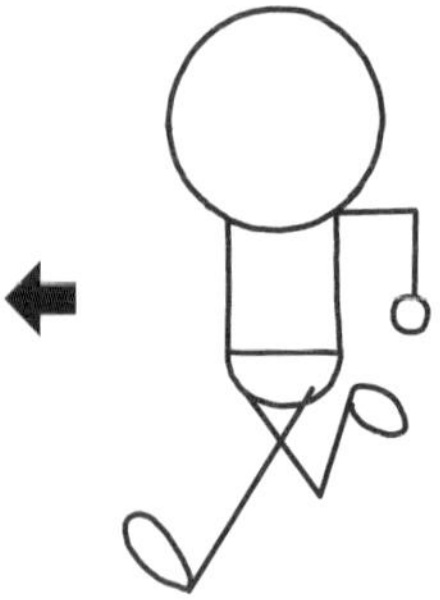

❸ 脚（蹴り上げ）を描く

奥に見える足を蹴り上げるように描きます。

コチラは膝が曲がるため「V字」で表現するのですが、太腿が❷の足と交差する際に、線分の長さ比や股下の余白に注意してください。

ココがはっきりと描けるか否かで、雰囲気が全く違って見えてきますので、描いていて「なんかおかしいな～？」と感じたときは、ここのバランスを確認してください。

❹ 引き腕を描く

首と身体の接点から横棒を描き、肘は直角に下に曲げ、手を描きます。

❺

❺突き挙げ腕を描く

前に来る腕もほぼ直角表現です。肘から先を上向きに描けばポーズは完成です！

肘の角度を変えると走るフォームも変わり、ジョギング風な自然の走り姿も簡単に描けます！

あとはいろんな表情を加えることで、同じフォームでも「走る」シチュエーションが描き分けられます

線と形をこの順番で描いていけば、誰でも簡単に「人が走る姿」が描けます。絵が苦手な人ほど、動きを出そうと思って曲線に頼り、かえってぐにゃぐにゃになりがちなのですが、「直線」だけで躍動感は出せるんです。「走る棒人間」が描けると気分も爽快。きっと自信もわいてきますよ！

描き方 5

棒人間に「感情」を与えよう

喜怒哀楽の表現が自由に描けるようになると自分のイラストにも〝幅〟が広がり、さらに楽しくなります。ただ、いざいろんな「表情＝感情」を描こうと思っても、意外と難しいですよね。

豊かな表情を描くなら、感情に対する、知識を増やす！ということで、ここでは表現力の幅を広げるための豆知識をお伝えします。

具体的には、人間にはどんな感情があるのか？　感情の種類っていくつあるのか？

これを知識として知っておくことです。

プルチックの輪　基本の8感情

「そんなの、喜怒哀楽の４つでしょう?」と思うかもしれませんが、人間の感情ってもっと多様ですよね。

たとえば、感動は？　憂鬱は？

アメリカの心理学者ロバート・プルチック（Robert Plutchik）氏が１９８０年に提唱した『感情の輪』という理論があります。

簡単に説明すると、人間の感情は大きく上の図のように8つあり、それぞれの対角線上の感情と対になっているとしています。対になった感情同士は簡単には切り替えができないという特徴があります。悲しんでいるときにいくら嬉しいことがあっても簡単には喜べないし、怖がっているときには怒りがすぐにわかないという具合です。

この基本感情の組み合わせによって、さらに複雑な感情が生まれ、次ページの図のように32種類の感情を描き分けられます。

どの感情と、どの感情との組み合わせによって起こっているのか、ということが見えてくるのでイラストの組み合わせパターンと掛け合わせて、結果的に〝豊かな表現力〟が手に入ります。イラストの感情表現も感性やセンスではなく知識の足し算なのです。

知識として抽象的な感情の種類や関連性を知っていると、人の感情の変化や表情をうまく描き分けられるようになっていきますよ。

プルチックの感情の輪

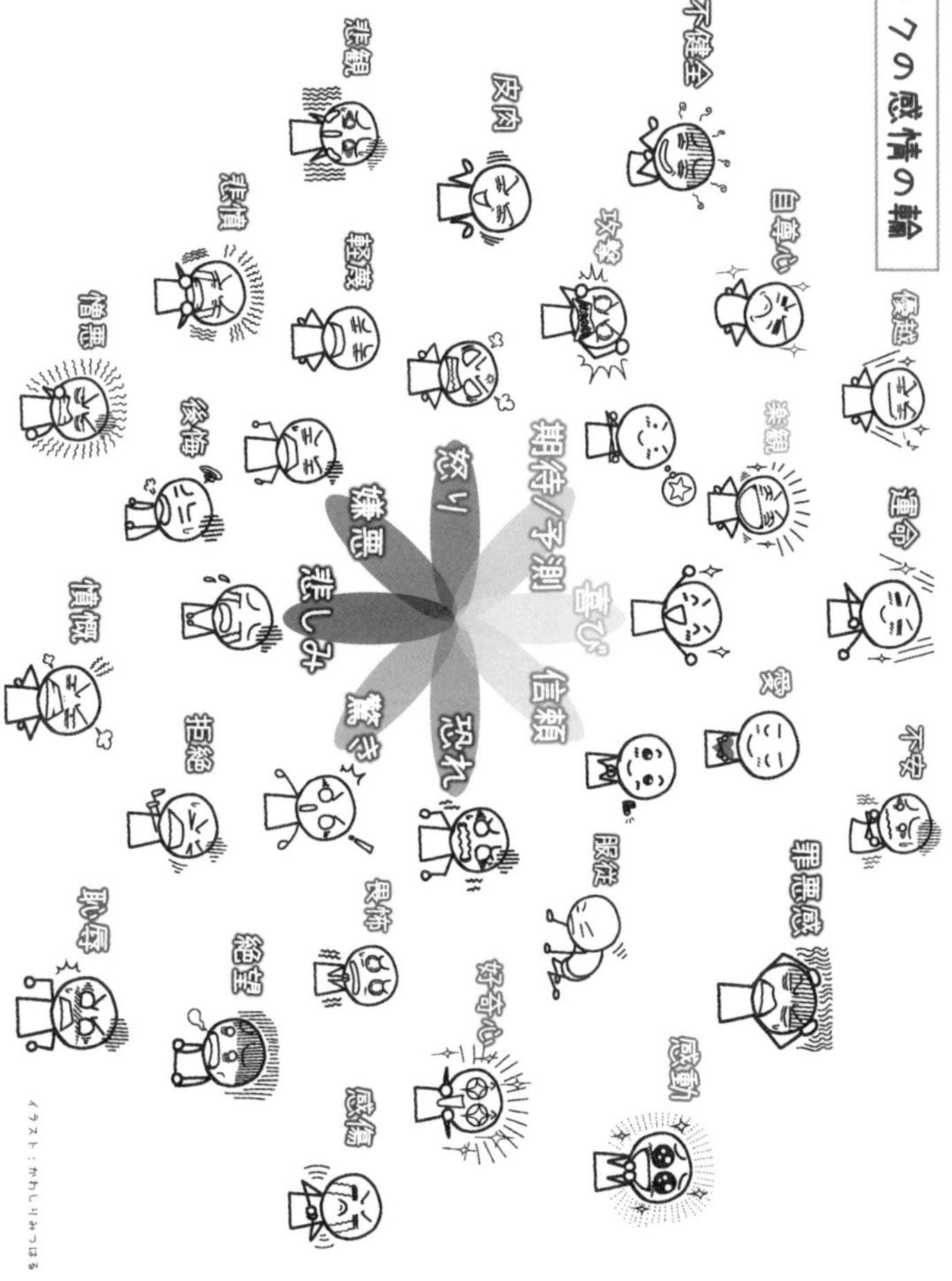

イラスト：かわしりみつはる

描き方 6

棒人間に「あいうえお」と言わせると表情が出せる

早速、棒人間に感情表現をさせてみましょう。

棒人間の表情を作るのは眉・目、そして口です。

実際の人間の表情はもっと複雑で、眉間や額のしわや目の開き具合などいろいろとありますが、単純化された棒人間ならまずは眉・目・口の基本を押さえるとかなり表情豊かになります。

口の表情だけでもかなりイメージが変わります。

まずは口の基本、「あいうえお」を言わせてみましょう。

「あ」

口はタテ長のカタチになりますが、上部は横線で描くことで少し口角が上がった雰囲気で口を大きく開いた様子が描けます。基本的には逆三角形でも「あ」の発声に見えます。

「い」

楕円と角丸四角の中間の形で横長に描き、口角をやや上げて描くと「い」の雰囲気が出せます。

「う」

縦長の楕円を小さく描くことで、口をすぼめたような形になります。大きくなると「お」と区別がつかなくなるので、できるだけ小さく描いてください。極端に言えば「点」で表現するのもＯＫです！

「え」

口を横長に描いたとき「い」と区別する必要がありますので、口角を下げ気味になるように「台形」を採用。少し歯を見せたほうが雰囲気も出ますので、台形の真ん中に横線をガツンと引きます。

「お」

口は大きな○を描けば文字通り「オー」の発声になります。若干「あ」との区別がつかなくなることもありますので、少し下方に配置するのがポイントです。

＊

並べてみると、それぞれの口の形で発音の違いがわかりやすくなりますね！

この他、違う形や線の描き方でも、「あいうえお」の表現は可能ですが、今回はできるだけシンプルに描けるよう、この形でご紹介しました。

この形だけでも覚えていただけると、眉と目の形を変えるだけで組み合わせによる表現のバリエーションも増やせます。

同じ目・眉でも印象がずいぶん違うのがわかると思います。他のパターンの眉や目との組み合わせも見てみましょう。

「あいうえお」と眉&目で、こんなに描ける

こんな感じで、同じ「あいうえお」でも眉と目のパーツの組み合わせが変わるだけで、棒人間たちの声のトーンが違って見えますよね！

まるで絵から音声が聴こえてくるようではありませんか？

①ネガティブな眉&目との組み合わせ

大きく曲がった下がり眉と一本線の目で、ネガティブな気持ちを表現。「あ」「い」は愛想笑い、「う」「え」「お」はつらさや悲しみが感じられますね。

②怒り・驚きの眉&目との組み合わせ

つり眉と○形の目で、「驚き」や「怒り」で感情が高ぶっている印象が伝わります。

③ほっこり・幸せ眉&目との組み合わせ

やや下がり眉と三重線の目で、表情がゆるむような感情が表現できます。口の形によって「嬉しそうなゆるみ」「悲しそうなゆるみ」に分かれてしまうのも、組み合わせの面白さですね。

④ぎゅ〜っ! とした眉&目との組み合わせ

つり上げ眉と鳥の足跡のような形の三本線とで、顔全体に力が入った表情になります。「あ」「い」は嬉しさが読み取れ、「う」「え」「お」はつらい気持ちが読み取れます。

描き方 7

「漫符《まんぷ》」を使えるようになったら達人レベル

上のイラストの赤丸部分の記号のようなマークのようなもの。マンガやLINEスタンプでもよく見かけますよね？

これは、「漫画符号」略して「漫符《まんぷ》」と呼ばれています。知っておくと棒人間の表現の幅が広がること間違いなし！

直線や曲線あるいは文字のようなものを、棒人間に描き加えると沈んだ空気感や怒りや衝撃のイメージが生き生きと表現できるようになります。この「漫符」の性質や効果がわかっていると、実は眉・目・口の表情を描かなくても基本的な感情を表現できてしまいます。では、顔を描かずに漫符だけでどう見えるかを、みなさんに体感していただきます。

❶ ネガティブ縦線

❷ 汗

❶ ネガティブ縦線

ネガティブな感情で空気や気持ちが沈んだときに使われる代表的な漫符。ネガティブだけど、この縦線は見る人の「笑い」を誘います。

❷ 汗の表現

緊張・焦り・驚き・混乱などなどちょっとした負の要素が働くときに表現される漫符。これも使用頻度が高いですね！汗の形ですが、一般的な「」のような雫の形より、ひらがなの「し」の字をイメージしたほうが額や頬を伝う印象が出てくるので、イラスト講座では「し」をオススメしています。さらに、❶と❷は掛け合わせて使われることが多いので、セットで覚えておくといいですね。〝ヤバい〟感じになります。

❸ 怒り

❹ 湯気が噴き出す

❸ 怒りマーク

イライラや怒ったときの表現ではお馴染みのマークですね！　額やこめかみあたりに浮き出てくる「血管」をデフォルメしたものになります。

「怒る」という表現を別の言い方に変えると、「頭に血が上る」「青筋を立てる」「血が逆流する」「カッと熱くなる」なんていう「血液」や「血管」にまつわるフレーズが出てきます。

❹ 湯気が噴き出す

人は怒りの感情を抱くと身体中の血液が頭に上って血管が浮き出て、頭部の体温が急上昇するイメージがありますよね。

頭から湯気が噴き出るイメージは、さらに怒りの感情を際立てます。

❺ 衝撃

❻ ブルブル

❺衝撃！

頭の付近に曲線を組み合わせた王冠のような記号を加えると、驚き・ショックというようなイメージが伝わりやすくなります。

これにオーソドックスに「ビックリマーク（！）」を加えてさらに具体的に表現できますし、❷の汗との組み合わせで、驚きの質が少しネガティブに寄ります。

❻ブルブル

顔や身体の横に「波線」を配置することで身を震わせている状況が描けます。コレ、描いてみるとわかるのですが、意外と難しいと感じるかもしれません。

❻ ブルブル

❼ 後光がさす

ポイントは波線の始点と終点は棒人間側に向くように、ちょっとだけ注意して線を引くこと。これも組み合わせでイメージがずいぶん変わります。

たとえば、❸の怒りマークとの組み合わせでイライラ、ワナワナしてる状態になり、❶❷の組み合わせで恐怖や寒気に襲われているように見えます。

❼ 後光がさす

元気・ハツラツな表現です。斜線の傾きが少し難しいかもしれませんが、頭を中心に光が放射していくようなイメージで、直線を描き足していくと、スーパーポジティブな状態にパワーアップしますよ！

描き方 8

1コマで見えないところも見せられる吹き出し活用術

❶ 中にある物を見せる

吹き出しの中に「セリフ」を入れることで、描いた絵やイラストが活き活きとしたり、伝えたいことがさらにわかりやすくなったりしますよね。

ここで、さらに表現の幅が広がるテクニック。吹き出しの中に絵や記号を入れることで、さらにわかりやすさや詳しい説明を瞬時にお伝えできます。

日常的に描き慣れていない方は「吹き出しの中は、言葉を入れるもの」という思い込みをされているかもしれません。吹き出しの中に絵が描けるようになると一枚の絵の中に複数の情報を〝スッキリ〟と盛り込むことができるんです。使わ

❷ 表と裏の心理

ない手はありません！
一枚にスッキリと複数の情報を見せる術をいくつかご紹介します。

❶中にある物を見せる

棒人間同士でギフトを贈るというイラストを描くときには、行為は描けても「何を贈ったか？」までは伝えきれません。そこのところを吹き出しの絵で補足説明できます。あとは、箱の中身を吹き出しの中で変えていけば、いろんなシチュエーションや人間関係が面白く描けますよ！

❷表と裏の心理描写

外面では相手を笑顔でホメたたえているのに……世の中、

❸ 見えない部分の補足説明

吹き出しの中でスマホの画面を表現

こんな状況って結構ありますよね。

「本音と建前」「裏腹な心境」などなど、目に見える状態だけでなく、目に見えないものをも映し出すことでユーモアを交えながら共感を誘う表現が可能です。

❸見えない部分の補足説明

スマホやパソコンを見ている棒人間など、画面と向き合った状態を描くとなると、人物の表情と、見ている画面を両方描くのは難しくなります。そんなときも吹き出しを使えば何が表示されているのかを描けるので、言葉がなくても状況が説明可能です！

こんな風に、吹き出しを使えば、本来見えないはずのスマホの画面まで感情と状況が1コマで表現できちゃいます。

❹ 全体と詳細

❹全体と詳細を同時に見せる

先ほどのスマホでもそうでしたが、吹き出しは人間だけのものではありません。機器や建物といった無機質なものにも吹き出しを加えることで、よりわかりやすい概念が描けるようになります。上記のイラスト図解ではあえて言葉を入れていませんが、たとえば、

- **リモートワークの推進**
- **オンラインによるお客様サポート**
- **オンライン授業やオンライン面接**

などなどいろんなシチュエーションが想像できますよね。

用途に応じて単語やキーワードを加えていただければ、より詳しい図解イメージが仕上がりますよ！

描き方 9

2人組の棒人間を描くコツ

棒人間の2人組が描けると、表現できることが一気に増えます。2人組というのは単に「私とあなた」という2人の人間だけでなく、「売り手と買い手」「自社と他社」「日本と他国」「良い例・悪い例」のような幅広い概念を表現できるからです。

「棒人間を2つ並べて描けばよいのでしょう?」と思われるかもしれませんが、そこはひと工夫するかしないかで大違いです。しぐさ・表情を加えることで、人間関係やシチュエーションがより具体的に描かれていきます。

ここでは、一人が話し手、一人が聞き手という関係の棒人間を想定して描いてみましょう。

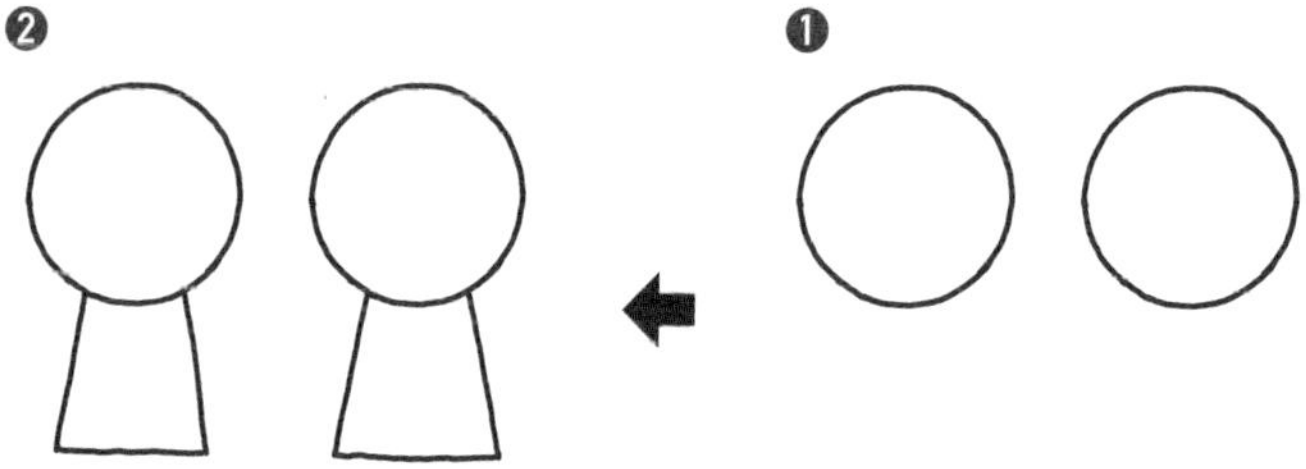

【描き方】

❶「○」を2つ描く

頭となる「○」を2つ描きます。

一体ずつ描くよりも二体同時（交互）に描いていくほうが構図もバランスもとりやすくなります。

❷「台形」を2つ描く

「○」の下に、「台形」がくっつくように描きます。

古代日本史でお馴染み「前方後円墳」のカタチですね。このシチュエーションでは上半身だけで十分に表現できるので、腰や脚は省略して、よりシンプルに表現してみましょう！

❹　❸

❸「両手」を描く

普通だと「腕」から描きたくなるのですが、それはバランスを崩す原因です。先に「手」の位置を決めておくことでバランスの取れた絵に仕上がります。P94「描き方②」でもお伝えしましたが、「ゴールを先に決めろ！」ってことです。

❹「両腕」を描く

手を描いた後から腕を描き足します。

「頭の○」と「台形」の両接点からそれぞれの「手の○」に向かって「V字」でつなぎます。左の棒人間（売り手）は腕は外に広げるイメージ、右の棒人間（お客様）は胸に両手を当てるイメージで仕上がります。

❺

❺「表情」を描く

あとは「眉」「目」「口」の3パーツを配置するだけ。

上のイラスト左の棒人間（売り手）はやや右寄せ、右の棒人間（お客様）は、やや左寄せで顔のパーツを配置するとお互いが向き合っているように見えるので、わざわざ体を曲げたり捻《ひね》ったりする必要はありません。また、顔のパーツのカタチを変えるだけで棒人間の人格も変わります。

左の棒人間（売り手）は、眉を吊り上げて、自信のある様子を表現、口元は三角形で口角を上げた笑顔にしました。身振り手振りを交えた堂々と説明する姿になっています。

右の棒人間(お客様)は、目を小さな白丸にすることでちょっと目が輝いている雰囲気を出し、興味津々で説明を聞いている姿に仕上げました。

❻

❻「漫符」でさらに詳しく描く

漫画符号（まんぷ）を使えば、さらに表現には具体性や躍動感が出てきます。ここでは「3本の線」を使います。左の棒人間には顔の横に描くことで「発声」を、右の棒人間には頭の上に描くことで、「気づき」を表現しています。

どちらも3本線なのに、描く位置や長さで全く違う意味合いの表現になっているのが面白いですよね！

＊

いかがですか？　初心者さんでもすぐに描けるよう、○以外はすべて「直線」で描けるようにしていますので、ぜひチャレンジしてみてください。

この基本ができたら、表情や記号を加えるだけでいろいろな関係性の2人が描けます。

たとえば「ビックリマーク」「矢印」「キーワード」「ハート」などです。

●「ビックリマーク」や矢印、キーワードを加える

セミナーやプレゼンにて、問題提起や再定義などを提示して新たな「発見」レベルでインパクトを与えているイメージになります。

●ハートを加える

さらに踏み込んで、「想いを言葉に乗せて届ける」という表現にしたい場合は、鉄板の「ハートマーク」です。ハートマークの漫符を加えるとワクワクとか心躍るイメージになり、

〝本当に自分の伝えたいこと〟が伝えられている棒人間が描けます。最後に、その逆パターンはどうなるかというと……。

● ハートの色&表情を変える

言葉に心が乗ってない……ってのはこんな感じです。二体のポーズはこれまでと同じです！　パーツが差し変わるだけで真逆のシチュエーションも簡単に描けます。

ビフォア&アフターや対比を見せる場合には、同じ構図のほうが説明図解としてはわかりやすさがあります。今回の2人組棒人間は、話し方やスピーチを教える方や、営業や接客トークを教える方が使っていただけると面白いと思います。

❶ 手を先に描く

● 2人組を握手させたい場合

たとえば、二人組の棒人間でお互いが向き合って握手をする場面を描く場合は、P94の「描き方②」でもお伝えした腕の長さがポイントになります。

「身体から腕が伸びる」という発想だと、二人の距離感がとれなかったり、腕が長すぎたり短すぎたりして、違和感を覚えると思います。

ココで先に描くといいのは「握手し合っている手」です。手の位置を先に決めておくことで、手を基点としてお互いの身体の位置や距離を調整しながら描けます。

最後に〝腕の線の長さ〟に気を付けると、手が始点となって、バランスをとりながら肩（終点）の位置も決めやすくなります。

❷ 身体の位置を決める

❸ 腕の長さが揃う

握手するしぐさも、「腕・脚を伸ばす」のではなく「腕・脚でつなぐ」というようなイメージをすることで〝描き方のコツ〟がつかめるようになります。

「握手する棒人間」は、

- **感謝**
- **ねぎらい**
- **称賛**
- **協力**
- **交渉成立**
- **対面**
- **あいさつ**

などの、職場や日常生活での様々なシーンを表現することができます。

描き方 10

線と矢印は説明力アップの魔法

2人組が描けるようになったら次のステップとして、さらにいろいろな2人の関係を表す方法を伝授します。ふだんは何気なく引いている「線」や「矢印」に様々な意味や役割をもたせて描くと、驚くほどに絵に「説明力」が備わります。

線・矢印には、どんな意味があるのかがわかって描けるようになれば、どんどん表現力もアップ。2種類の棒人間との組み合わせで「関係性」をユニークなビジュアルでわかりやすく伝えられるようになります。

❶ つながり

❷ 同一

【棒人間図解「関係性」9パターン】

❶ つながり

棒人間同士の間に線を加えることで「つながり」を表します。線の太さや、長さによってそのつながり方の度合いも変えられますね。線だけだとちょっとわかりにくいときには、それぞれを四角で囲うと、より「図解」的な表現になります。

❷ 同一

2人の間に「＝（イコール）」が入れば「僕たち一緒だね〜」というイメージでカップル成立です。個体としては別々でも立場、性格、考え方、価値観などなど共通する場合にはイコールでつなげていきましょう！

③ 変化

④ 流れ・因果

③ 変化

この型は、講座でも鉄板の図解パターンです！

基本的には2人の棒人間は同一人物であることがほとんどです。変化・成長・進化・発展などセミナーや営業での話し方に大いに活用できます。

④ 流れ・因果

③の変化と同じように矢印には時間の流れを表す役割がありますので、「モノを投げる人」「投げたモノに当たる人」が同時に表現できます。すると、一枚の絵の中で、動きと時間の流れを感じられますよね。

様々な事象の原因と結果をひと目で説明することもできるオススメの表現方法です！

❺ 対立

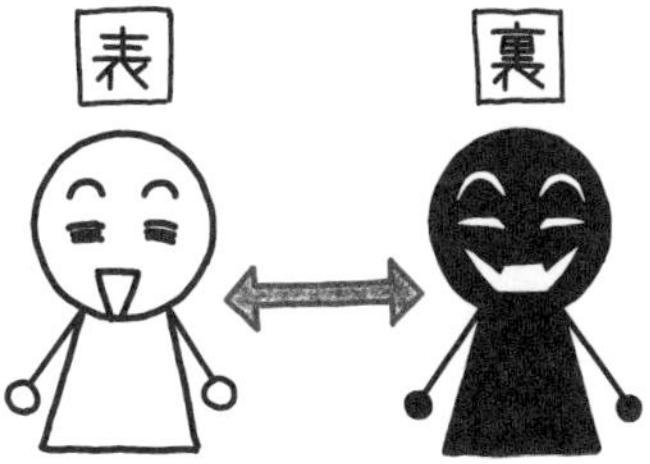

❻ 逆

❺ 対立

矢印の先が両方に向いていると、反発や引っ張り合うようなイメージになります。

〝相対する〟対立構造が表現できます。

❻ 逆

同じ両方向の矢印でも、こちらは〝相反する〟というような、対照的な構図を表現することになります。

棒人間は、同一人物でも他人同士でも表現でき、真逆の性格やタイプの違い、考え方・価値観の違いなど、人間関係パターンを説明するときに使えます。

❼ 交換・取引

❽ 強弱

❼ 交換・取引

矢印の先が両側に向かうものでも2本に分けることで「双方向性」を表現でき、二者間で行われるやり取りが表現できます。

ビジネスモデルを説明するときには、コレが描けると話しやすいですね。

❽ 強弱

双方向の矢印でも色や太さなどをそれぞれ変えることで、力関係、優劣、不均衡などパワーバランスが表現できます。

棒人間のサイズ次第で、さらにわかりやすく伝えられます。

❾ 否定・停止

❾ 否定・停止

矢印に「×」が付けば受け入れてもらえなかったり、その関係性が遮断されたことになります。左の棒人間（断られているほう）は驚いたり、落ち込んだり、悲しんだり様々な表情にすることで、拒絶されているシチュエーションも変えられますね。

＊

人や社会と関わっていると、仕事やプライベートでも様々な矢印や線でつながっていることに気づかされます。そうした自分と他者との相関関係を、こうやって棒人間を使いながら自分なりに説明していると、図解する力は自然と身についていきますよ！

年齢や男女を描き分ける

棒（線）と○△□で描けるシンプルな棒人間。

パーツの配置を少しずらしたり、ほんの少し線を描き足すだけでOK。男女の描き分けや、大人、子ども、お年寄りの特徴を出しながら、オリジナルのキャラクターやカンタン似顔絵を描くことができます。

年齢を描き分ける

棒人間で年齢を描き分けるポイントについてお話しします。

似顔絵の特徴の捉え方にとても近いのですが、眉・目・口のパーツの配置を少し変えたり、線をちょっと描き足すだけで年齢の特徴が表現できます。

同じ線と点を使っていても、顔のパーツを下に寄せるだけで棒人間の顔は幼く見えますし、目と口の間の距離を広くするだけで大人びた雰囲気に仕上がります。

男女を描き分ける

男女を描き分けたいときは、髪型で変化をつけていきます。

髪型は髪の毛を一本一本描くのではなく、前髪と全体の輪郭を捉えて実線で描いていきます。同じ棒人間でも髪型が変わるだけで、別人に見えてきますよね？

髪の色などはササッと「斜線」を重ねるように軽く塗りつぶすだけで、棒人間がかなり人物イラストっぽく仕上がります。

髪型のバリエーションが増えれば、棒人間から様々な個性のキャラクターを生み出すことも可能です！

第4章

棒人間を使った図解のコツ

わかりやすく伝える！ さらなる活用法

本章では、棒人間をより活用するための具体的な方法をお伝えしたいと思います。僕は、イラストプレゼン研究所の主宰をしていますので、ここからは特に僕の得意分野と言ってもいいかと自負しています（自画自賛スミマセン）。

では、図解術としての「棒人間活用法」をお話ししていきますね。

コツ①

ビフォア&アフターでストーリーを語る

●説明の例「課題解決型プレゼン」

営業やプレゼンで重要なのは、はじめから商品やサービスの特徴や機能を説明することではありません。まずはお客様の問題や悩みから入り、そして理想の未来（夢）を描いて、そのギャップを大きくイメージさせることです。

いわゆるBefore《ビフォア》&After《アフター》ですね。そうすることで自然と「欲しい！」「必要だ！」という気持ちが高まり、自分の商品・サービス・メッセージに価値を感じてもらい、

強い興味・関心を持ってもらうことができます。通販番組や広告などでも購買心を掻き立てる手法としては鉄板表現です。

でも、実際の日常のお仕事や生活ではどうでしょう？　このプレゼンアプローチの手法をわかっていても、ついつい本題から入ったりしていないでしょうか？

そういうときにも役に立つのが「棒人間」。

棒人間を主人公にしたストーリー仕立てで、プレゼンの構成を考えていくと受け手に伝わりやすくなります。

イベントの集客や商品やサービスの営業、コーチングや社員研修コンサルティングでも、棒人間たちの力を借りた課題解決型のプレゼンで、話を進めていくことができます。イラスト講座では４コマを使った図解で、お話の構成を大きく４つに区分してストーリーを紡いでいきます。

理想の未来を見せる

問題を整理

●お客様の問題は何か？

具体的に何に困っているのか。感情にもフォーカスし、お客様が抱える**問題を見える化**していきます。

棒人間の表情から、その状態や感情を表現できると、〝具体性〟がより引き出せます。過去の成功体験を事例に出して、「自分はあのとき、どんな悩みを解決したのか？」ということを振り返るのも一つの方法として使えます。

そして次に、「本当はどうなっていただきたいのか？」**お客様の理想の未来**をイメージしていきます。

この理想と現実のギャップが大きくイメージできればできるほど、受け手の中で自然とこの課題解決は「必要だ！」という前向きな気持ちが高まります。そこから**本題**（**自分の提**

想いや信念をトッピング

本題へ

案やメッセージ）に入っていきます。

ビフォア&アフターのギャップが、しっかり感覚的に感じられているのが、このタイミング。だからこそ、相手の〝聞く耳〟は整っており、皆さんのプレゼンは威力を発揮します。「現状の問題」と「理想の未来」に向き合い、そのギャップに気づいたお客様にとって、あなたの提案は「押し付け」や「押し売り」ではありません。相手の方にとっても魅力的なメッセージとなっているはずです。

最後にあなたの仕事へのこだわりや商品への自信など、**想いや信念**を伝えることで、自分の商品・サービスに十二分に価値を感じていただき、自然と納得&共感が生まれるプレゼンに仕上がります。

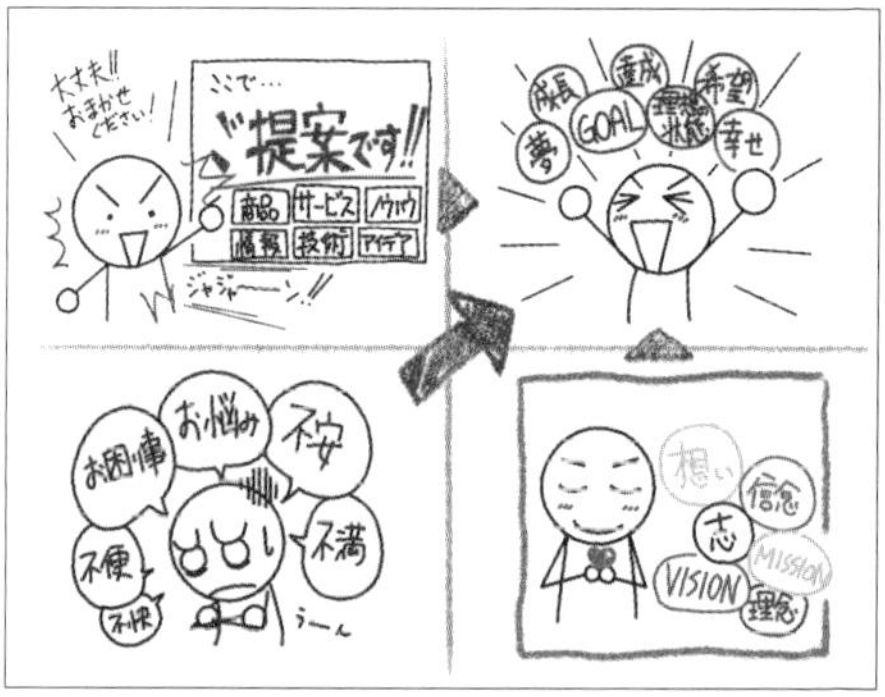

４コマを並べると1枚のシートにまとめられます。

この４コマ図解のアウトプットで、楽しくイラストを描きながら、実はロジカルなビジネスプレゼン資料がサクサクッと完成していきます。

モノやサービスが溢れる現代は、〝共感の時代〟とも言われます。これからの商品やサービスの提案においては、機能性や効率性だけではなく、社会へのメッセージ性やストーリー性をもって、市場や顧客の〝感情に届ける〟という視点が求められてきます。

棒人間の図解で「悩み」「理想の未来」「提案」「想い」、この４つの視点を日常的に取り入れていただけると、時代の変化に適応していく柔軟な発想力や、共感を得られる伝える力が養われていきます。

棒人間を使った図解

コツ❷

線で分けて整理する

●自分との対話の例「一本線で思考整理」

お仕事やライフワーク、プライベートで、目標設定や行動計画、課題解決をするためにアイデア出しをしたり、頭の中にある情報や知識、想いをまとめたくて、思考整理をしますよね。そこでよく言われるのが「紙に書き出す」ということ。

思い浮かんだキーワードや重要なフレーズとなる「言葉」をノートやメモ帳に「文字」として書き並べていくことを、

〝思考の見える化〟なんて言いますが、文字だらけになって「逆に混乱する……」というお話もよく聞きます。

また、見える化した気分になっただけで後になって見返すと、「コレどういうことだっけ？」と、謎のメッセージ化していることもあります。

そうならないための、より視覚的に直感的に考えをわかりやすくまとめる工夫として、「見える化」の技術はいろいろありますよね。

マインドマップ、グラフィックレコーディング（グラレコ）、ほかにもマスで区切って考えたり、1枚の地図で描いたり、○○図解などなど……。

こうしたノウハウを使いこなせると、頭の中でバラバラだった情報や知識、想いの関連性が見えてきます。

でも、どんなやり方でも、人によって合う合わないが生じるのが世の常……また、習ってみたけど「うまく使えていないです」「もっとわかりやすく書けるようになりたいです」という声も、どうしても出てきます。

そんな難しい方法でなくても、うんとハードルを下げて「線」ひとつで「見える化」する、ということなら、できそうな気がしませんか?

「線を引く」。誰でも今すぐできそうですよね。でも、ちょっと考えてみてください。最後に線を引いたの、いつですか? じつは「線を引く習慣」って、意外とないんです(仕事で使う人はいるかもしれませんが)。でも、ぜひ「線を引く」ことに慣れていただきたいと思います。

というのも、僕は「情報整理の第一歩は、線を引くことから始まる」と考えているからです。

たとえば、目の前にある多くの情報…どれが重要で、どれが優先順位が高いか、頭の中ですぐにわかりますか?

頭の中の情報が意味なく羅列されていたり、曖昧に留まっていたり、猥雑に据え置かれていたりして、とっちらかっていないでしょうか。つまり、頭の中がぐちゃぐちゃの状態。

これを解決するのが、「線」なのです。

頭の中で線が引き慣れてくると様々な情報の整理や取捨選択ができるようになります。それができるようになると、絵も描きやすくなります。

「絵を描きながら思考を整理していく」というとカッコいいのですが、ここでは単純に、まずは「線を引く」ことを習慣にしてみてください。線を引くだけで、目の前の情報や頭の中の情報を整えて、まとめ上手、説明上手になっていけます。

●シンプルな線で まずココから始めよう!

図解術の中でも、今回は超はじめの一歩で「直線」だけを使って整理していく方法をお伝えします。

❶ 区別

❷ 分類

❶区別

縦に一本線を引くことで情報を2つに大分類する。いわゆる「境界線」が作れます。

どんな境界にするかを「仕事とプライベート」「緊急か長期的か」「好きか嫌いか」という感じで自由に決めることができますよね。コレをするだけでも何を優先にするかを決めやすくなります。

「そんな簡単なこと……」って思った方もいるかもしれませんが、意外とこの1本の線が引けていない人、結構いらっしゃいますよ。

❷分類

2つに区別できることに慣れてきたら、次はもう一本線を足してさらに細かく分類してみてください。

4コマを使った考え方で「マトリクス」なんて言われます

❸ 関連

が、僕はコレ、図解の王道だと思っています。

この2本の直線を使いこなせたら、かなり説明上手になりますよ！　線を引く習慣は、情報を最適に振り分ける習慣と言えます。

❸関連

線は情報と情報の間に隔たりや分断をつくるだけではなく、情報をつなぐという役割にも活用します。マインドマップはコレの発展形であり、バラバラな情報から関連性を見つけていくと整理できるだけじゃなくて、新しい気づきや発見も生まれてきます。

線を引く習慣は情報と情報をつなぐ習慣でもあります。

❹段階・過程

情報のつながりが見えてきたら、時間や質によって並べて

❹段階・過程

いくことで時系列の過程や質の段階的な変化という情報の関連が整理できます。

直線をつないで階段風に描いただけで、感覚的だったこともロジカルシンキング的に表現したり、伝えたりすることができるようになります。

たかが線！　されど線！

意外と「線を引く習慣」を持ち合わせている人は、まだまだ少ないように思います。とっても簡単なことですが「線を引く習慣」は、みなさんの見え方、考え方、伝え方に大きな影響を与えていきますよ！

棒人間を使った図解

コツ❸

説明上手に見せる「3つの輪」の図解術

一般的なプレゼンスキルとして、

要点を3つに絞る

ポイントを3つに絞る

と伝わりやすい！　と言われます。プレゼンや話し方講座でこんなアドバイスをされた方も多いんじゃないでしょうか？

「三大美女」「御三家」「日本三景」「三聖人」などなど……、「三大○○」

人は3つのものを総称するのが好きなようで、

といった〝認定〟はいっぱいありますよね。

「３」という数字には、人間の意識にも残りやすく、それだけで伝える力が宿ります。

僕も話をするときに「３」を使うことが多く、とにかく何でもかんでも３つのものを並べてみる！　そうすると不思議と見る人は、そこに物事の安定したまとまりやつながりを感じてくれるようになるんです。これにイラスト図解を加えることで、最強の説明力を発揮できるようになります。

話のポイントが３つに絞れたら、次にどんな風にイラストや図解で〝見える化〟していくのかを考えていきます。

●説明力が上がる「箇条書き」の技法

話のポイントを３つに絞るとき、まずは「キーワード」を書きます。ほとんどの人はスライドやホワイトボードに文字

これは「箇条書き」

「箇条書き」の工夫①

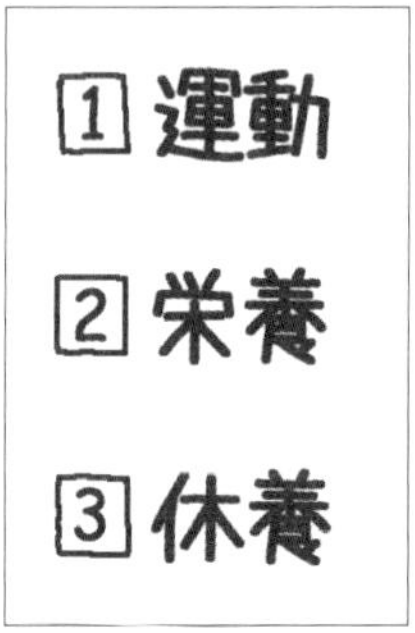

「箇条書き」の工夫②

を書き出すと思います。たとえば、上のような3つの単語を使ってお話をするとします。

　要点を文字に書き出して並べる、いわゆる「箇条書き」です。ただ、これだとまだ単語を並べただけで受け手に対して「言語情報」をちょっと補った程度です。

　この「箇条書き」で表現するうえで大切なのは、各言葉の先頭に記号を付けるということ（工夫①）。

　単に黒の四角形を手描きで各先頭に描き加えただけですが、上記の3つの言葉は「単語」から「項目」に変わります。

　コレを見るだけで受け手は無意識に、頭の中で3つの引き出しを用意できるので、伝える側としては〝話しやすい場〟がつくれているのです。

　さらに□の中に数字を入れることで「順序立て」が明快

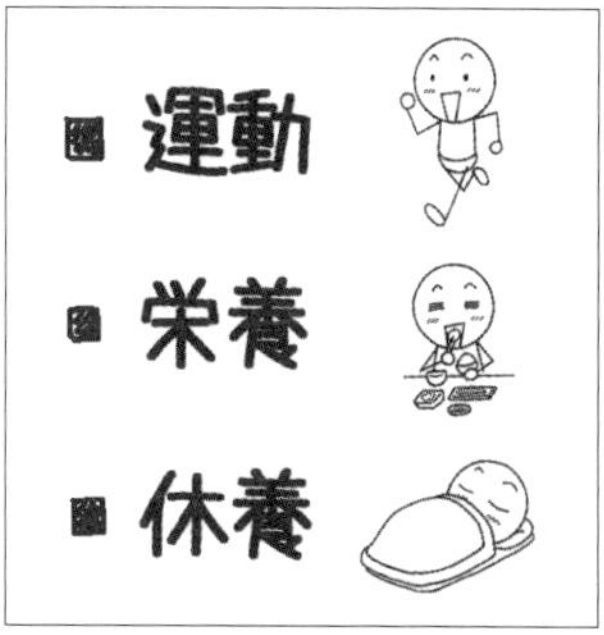

棒人間がいる箇条書き

になります（工夫②）。話全体にタテのつながりが生まれて、受け手も次の準備ができるので、より聞きやすくなります。

そこに棒人間イラストが入ると、文章の羅列から図解へと見る人の印象が変わり、さらに視覚で興味を引きながら、話の概要を瞬時に伝えていくことができます。

●伝わり方が圧倒的に変わる「3つの輪」

3つの項目を「箇条書き」で説明する、ということができるだけでもわかりやすさ、伝わりやすさを実感していただけると思いますが、「説明上手」と言われるくらい圧倒的に伝わり方が変わるのが、3つの輪で表現する技法です。

先ほどの「運動・栄養・休養」という単語を3つの輪で表現するとこんなイメージになります。

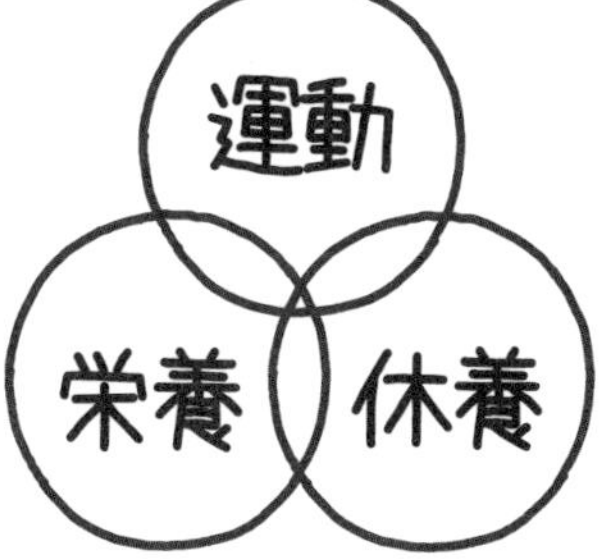

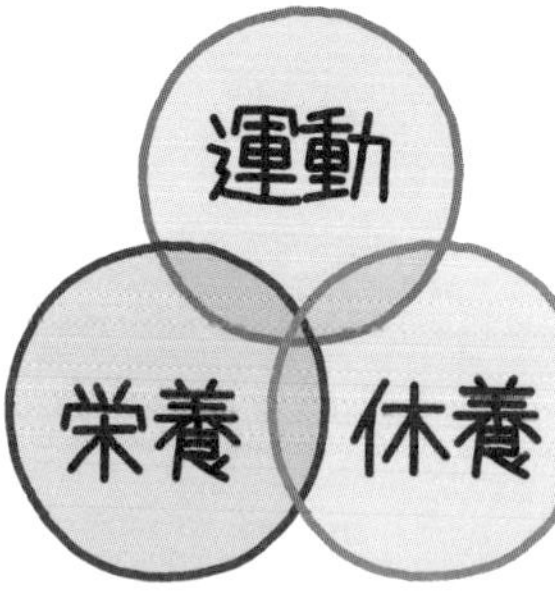

横や縦に並べるのではなく、○はトライアングル状に３つが中心で少し重なり合うように描きます。

各○の中にキーワード入れることで、３つの単語が「概念」として表現されます。これだけで見る人は、３つの単語の関連性を自然と想起するようになり、単語だけだとバラバラに見えた項目が、統合されて伝えられるようになります!!

色を使うと言葉と言葉の「重なり」や「共通部分」も強調され、より関連性が際立ってきます！　ここに、棒人間イラストを入れると、さらに直観的な図解になります。

ただ、この３つの輪、フリーハンドでバランスよく描くには、ちょっと練習が必要かもしれません。なので、「難しいなぁ～」と感じる方は、次の方法をオススメします。

３つの○は少し離して描き、それぞれを直線でつないで、

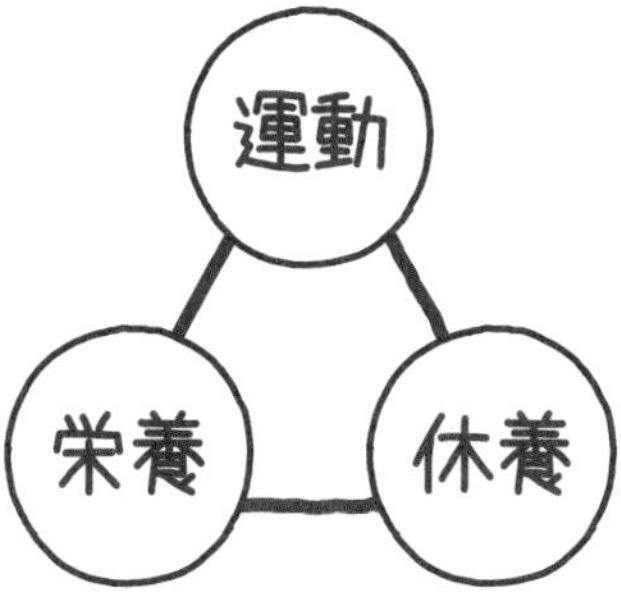

トライアングル図解にしてしまう方法です。

これだと真ん中のスペースに3つの言葉を統合したイメージを配置することもできるので、3つのポイントとお話の全体像も併せて、一度に見せることが可能になります！　めちゃめちゃ便利な図解です！

ポイントを「3つ」に絞ったら
「3つの輪」でイラスト図解する！

ぜひ、スライドやホワイトボード、スケッチブック、模造紙などでのプレゼンにどーん！　と取り入れてみてください。「説明上手！」って声が周りから飛んでくるかもしれませんよ。

棒人間を使った図解

コツ4

思考整理にも使える4コマ図解

Ｐ１５３〜１５４でもお話ししましたが、僕の中で一番汎用性も高く最強の図解だと思うのが、「４コマ図解」。

４コマといっても縦列や横列に並べるのではなく、真ん中で十字に仕切ったスクエア型の４面構成にする形です。

棒人間にとっても最高の遊び場です。

●ビジネスでは「4」をよく使う

ビジネス用語で「ＰＲＥＰ法」「ＰＤＣＡサイクル」「ＧＲＯＷモデル」といったアルファベットが４つ並んだも

のってありますよね？　棒人間を使った図解で表現すると次ページのように４つのキーワードを説明することができます。

物事を効果的に考え、伝え、成果を出したいときには、こういった思考整理の手法が用いられていますが、共通するのは、４つのポイントでまとめられるということですね！

それだけ４つの項目で考えていくということは、人の思考やコミュニケーションとの相性がよく、様々なフレームワークのパターンとして用いられています。

４つに区切って考えると、頭の中が整理できるので、僕もいろんな見せ方で活用していて、棒人間との合わせ技でもっと多くの方にも慣れ親しんでもらいたいと思っています。

イラストプレゼン講座や企業研修の社員育成プログラムでは、コーチング「ＧＲＯＷモデル」をベースにした４コマのフレームワークで参加者の変化・成長を後押ししています。

❶論理的な話し方のフレーム「PREP法」

わかりやすく話を伝えるための流れをP：Point（結論）、R：Reason（理由）、E：Example（事例、具体例）、P：Point（結論を繰り返す）で表したもの

❷マネジメントの手法「PDCAサイクル」

業務改善の考え方P：Plan（計画）、D：Do（実行）、C：Check（評価）、A：Action（改善）を表したもの

❸コーチングで用いられる思考の型「GROWモデル」

コーチングに必要な4つのプロセスを**G**：Goal（目標）、**R**：Reality（現状）、**O**：Options（選択肢）、**W**：Will（意志）で表したもの

「PREP法」「PDCAサイクル」「GROWモデル」を4コマをどう見せるか、の例を掲載しました。並べ方はわかりやすく見せられれば自由ですが、ここでは**①PREP法と②PDCAサイクルは、左上→右上→左下→右下**という流れで作ってあります。
③GROWモデルは、順番を崩したパターン。左下に現状、右上に目標を置くことで、右肩上がりの視線誘導ができ、より「成長」や「発展」がイメージできるように配置しています（次ページの「アドラー心理学まとめ」などはこの流れの具体例です）。

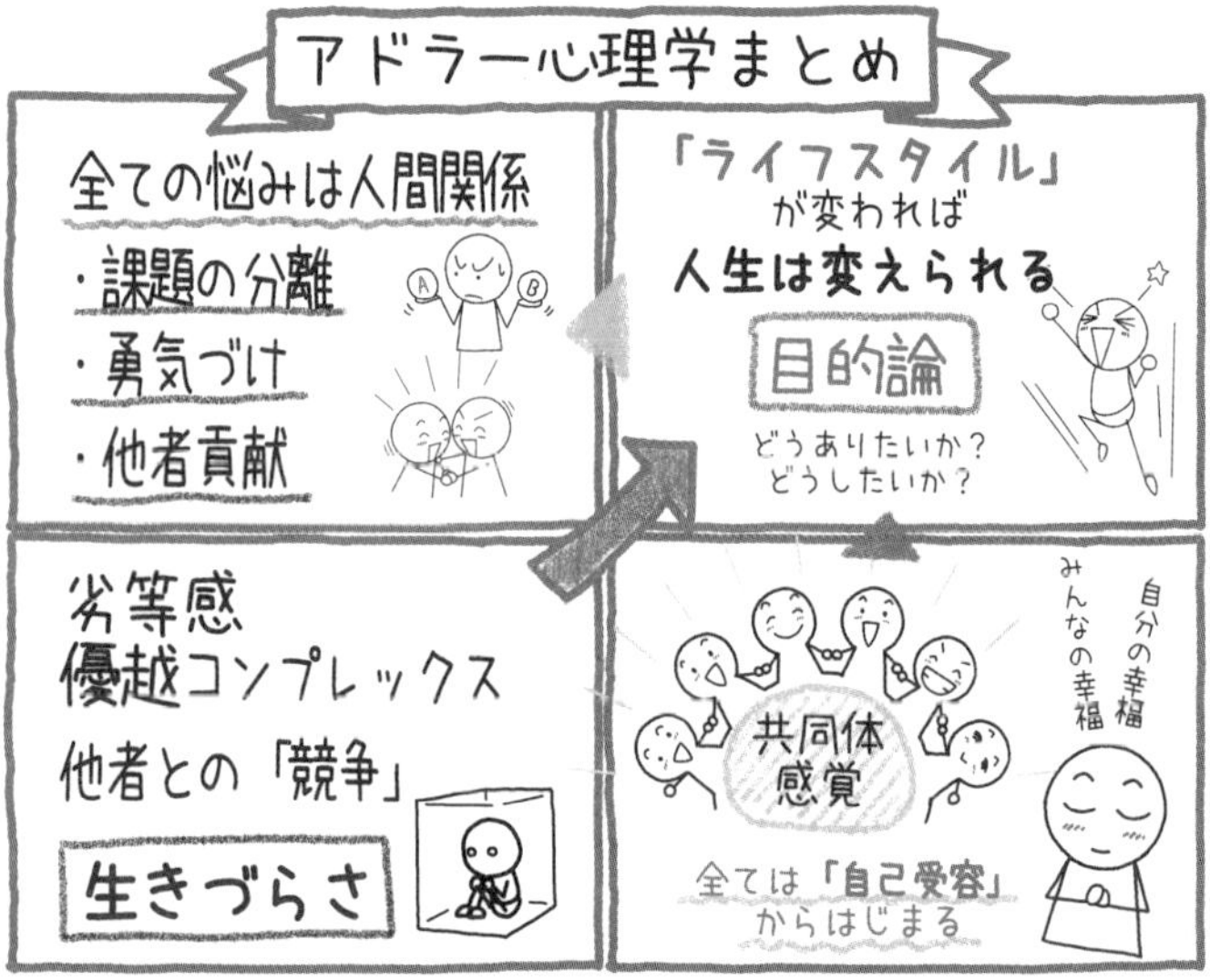

●課題解決型のフォーマット

イラストを使った4コマ図解は論理的かつ直感的に考えをまとめることができるため、課題解決型のフォーマットとしても活用できます。

決められた型でアウトプットし、言葉とイメージで見える化することで頭の中でバラバラになっている情報を筋道立てて整理することができ、自分自身もキチンと納得・腹落ちした状態で相手にわかりやすく伝えられるようになります。

たとえば上の4コマ図解は「アドラー心理学」について課題解決型のフォーマットと「矢印」を使って内容を整理したものです。4コマと言っても、タテやヨコ一列に並べるのではなく、マトリ

クス型にすることで視覚的な入り方が変わり、話やテーマの全体像をイメージとしてとらえやすくなります。

●自分との対話の例「棒人間がいる行動計画書」

仕事をする上で1週間や1日の行動計画を立てる方もいると思います。

ただ文字だけだと気持ちが乗らないとか、やる気が湧いてこない、情報が多すぎてげんなりするなんていうことも感じる方はいるんじゃないでしょうか。

そんなときに棒人間のイラストを取り入れることによって、自分自身の気持ちと客観的な行動計画が結びついて、前向きな気持ちで計画を立てることができるようになります。

イラスト講座の受講生で、1週間の行動計画を4コマ図解にしている事例です。

❶今週の解決すべき課題
❷1週間後の理想の状態
❸そのためにやるべきこと
❹そのために必要な心持ち

これらを言葉＋棒人間によって1枚の4コマ図解にすることで、ひと目でわかる行動計画を立てられています。

また1日の行動計画を立てる際にも、棒人間の表情を使ってどのような感情（マインド）で臨み、どういう感情でその日を終えたいかということを可視化します。

言葉だけではなく、イメージをつなげることで、感情と思考がつながる行動計画が描けると、前向きにその日に臨むことができますよね。

内容が硬くなりがちなマトリクス分析や分類のお話もわかりやすく説明したり、矢印などを用いることで「ストーリー性」を持たせることができます。

スクエア型の４コマで棒人間を遊ばせながら説明すれば、ひと目でわかる！という成果が手に入れられます。それは、

❶限られたスペースになるため、情報量がシンプルになる

❷棒人間を取り入れることで、描き出す言葉とイメージがシンクロする

❸シンプルなレイアウトで構造化できて、客観的に見られる

という特徴があるからだといえます。

４コマで考える&伝えることが日常的に使えるようになると、話に無駄がなくなり、次のための改良点も見つけやすくなりますよ！

4コマ図解の参考例

4つに分類や区別することで、情報の整理ができる4コマ図解。

その中に様々な表情やしぐさの棒人間を組み合わせることで、堅苦しくなりそうなテーマも、親しみのある柔らかい伝え方ができるようになります。

いくつか例を載せておきますので、4コマ図解する際の参考にしていただければ幸いです。

慣れてきたら、ぜひ自分なりにいろいろアレンジしてみてくださいね！

目に見えないものを表現する

脳内物質のようなミクロの世界のモノは、ふだん僕たちは目にすることができませんよね？　そうした場合は物質そのものを描くのではなく、物質が誘発する効果や状態を棒人間で表現して描き分けます。

領域を表現する

これは、「描く」が活かせる活動領域を具体的にイラストにアクションさせて表現しました。

特性を表現する

人の行動や思考タイプなど、代表的な人格の特性をしぐさや動きで表現しました。

概念を表現する

社会現象などの抽象的な概念は、棒人間を使うとユーモアを交えた比喩表現になります。

棒人間を使った
図解

コツ⑤

階段図解と棒人間

順序立ててお話をする際の最強の視覚表現。それが、「階段図解」です。ここからは「階段図解」について、その描き方のポイントをご紹介します。

●順番に話すなら【階段】を使おう

「本日の講義は3つのステップでお話しします」
「この事業展開は、7段階によって進めていきます」
「課題解決には5つプロセスがあります」

説明上手な人は、こういった言葉の表現をしますよね。

これから話す内容の要点を数字で表すことで、聞き手は「あ、5つ覚えるのね！」という具合に、頭の中に、新しい情報を入れるための「引き出し」をその数に合わせて準備し〝話を聞く態勢〟ができます。

ただ、この導入まではよくても、これが話術だけに頼ったものだと、後のトークがダラダラダラダラ〜〜〜ッとなってしまうこと。こうなると、何が2つ目なのか？　3つ目なのか？　すらわからなくなる……なんてことが起こったりします。

コレは話し手が伝えたい「話の全体像」を、聞き手がイメージできないことが大きな原因だと考えます。なので、これを可視化したイラストとの合わせ技で伝えればよいのです。

順序立てた話や段階を追って伝える内容の場合、階段図解

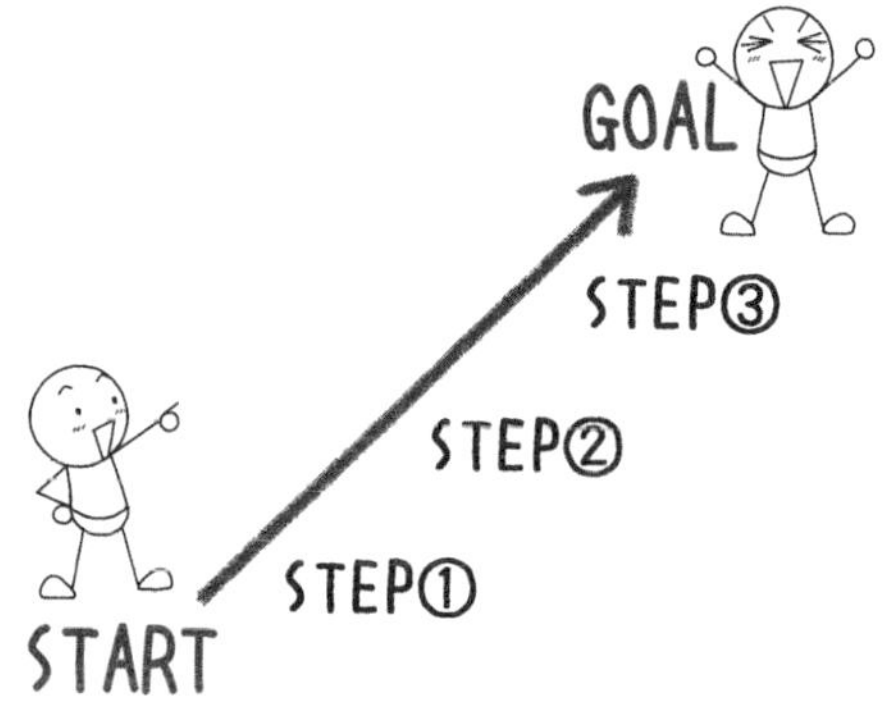

はもっとも便利な表現方法です。

コレを準備するだけで、「ステップアップ」「段階的成長」「右肩上がり」「継続発展」「持続的向上」という前向きな全体像が描け、棒人間のイラストを加えることで駆け上がるイメージになり、「挑戦しやすさ」「参入しやすさ」「参加しやすさ」といった印象を与えることも可能になります。

上の絵を見ていただくとわかるのですが、階段がなくてもこの図解は表現できます。でも、どこか不安定さを感じさせませんか？

〝ひと手間かけて〟階段の線を引くことでイメージからも、〝話の間〟が生まれ、言葉と言葉が区切られます。その効果で、聞き手も間延びを感じることなく、受け取ったものを整理して頭の中の〝引き出しに〟入れていくことができます。

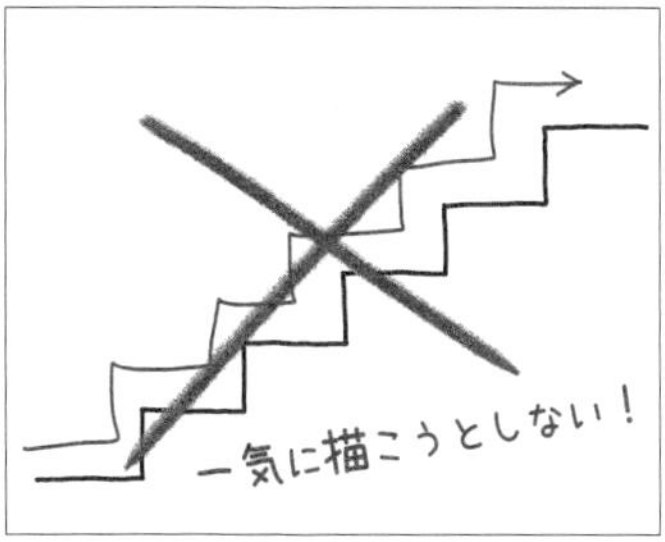

●階段の〝線〟をキレイに引くコツ

ステップアップや順序を追って向上していくようなお話をされる場合は、ぜひ階段図解を活用していただきたいのですが……。

簡単そうなのに意外と階段がキレイに描けなくて、図解することを諦めている方もいらっしゃるでしょう。

階段って、一見、一本のギザギザな線に見えますよね。だから、たいてい階段を描くとき、一気に描こうとしがちなんです！　うまく描けない人は、だいたいこのパターンが多いです。これをやっちゃうと線は曲がり、バランスが崩れた不揃いな階段の出来上がり……デス。

一本の線が続いているように見えても、描くときは「線分」で捉えて、

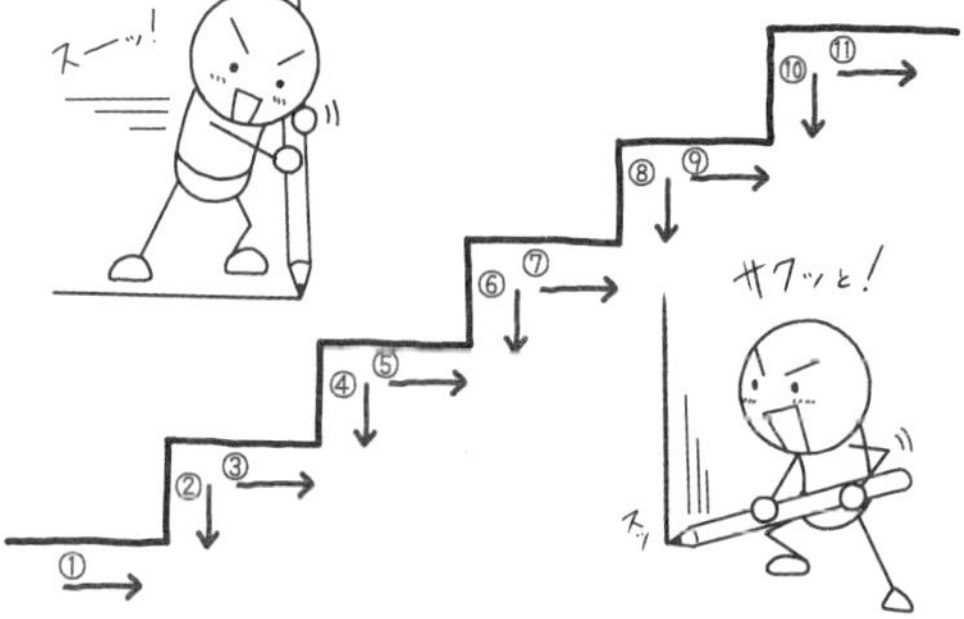

直線＋直線＋直線＋直線・・・
の組み合わせで描いていきましょう！

階段は「ギザギザ」ではなく
ヨコ直線とタテ直線の組み合わせの連続

と考えて、一本一本の線を丁寧に引いてみてください。

描こうとする階段が「上に上がる」イメージで下の段から描いていくと、ヨコ線を描いた勢いでタテ線を〝下から〟描こうとする方がたまにいらっしゃいますが、タテ線は〝上から下〟に引くことをオススメします。

下段と上段の高さのバランスも目測しやすいと思います。

スライドやホワイトボードで階段図解が活用できると、あとはあなたの伝えたい言葉を当てはめるだけで、すぐに伝わる「図解スキル」が発揮でき、一気に〝説明上手〟の仲間入りです。

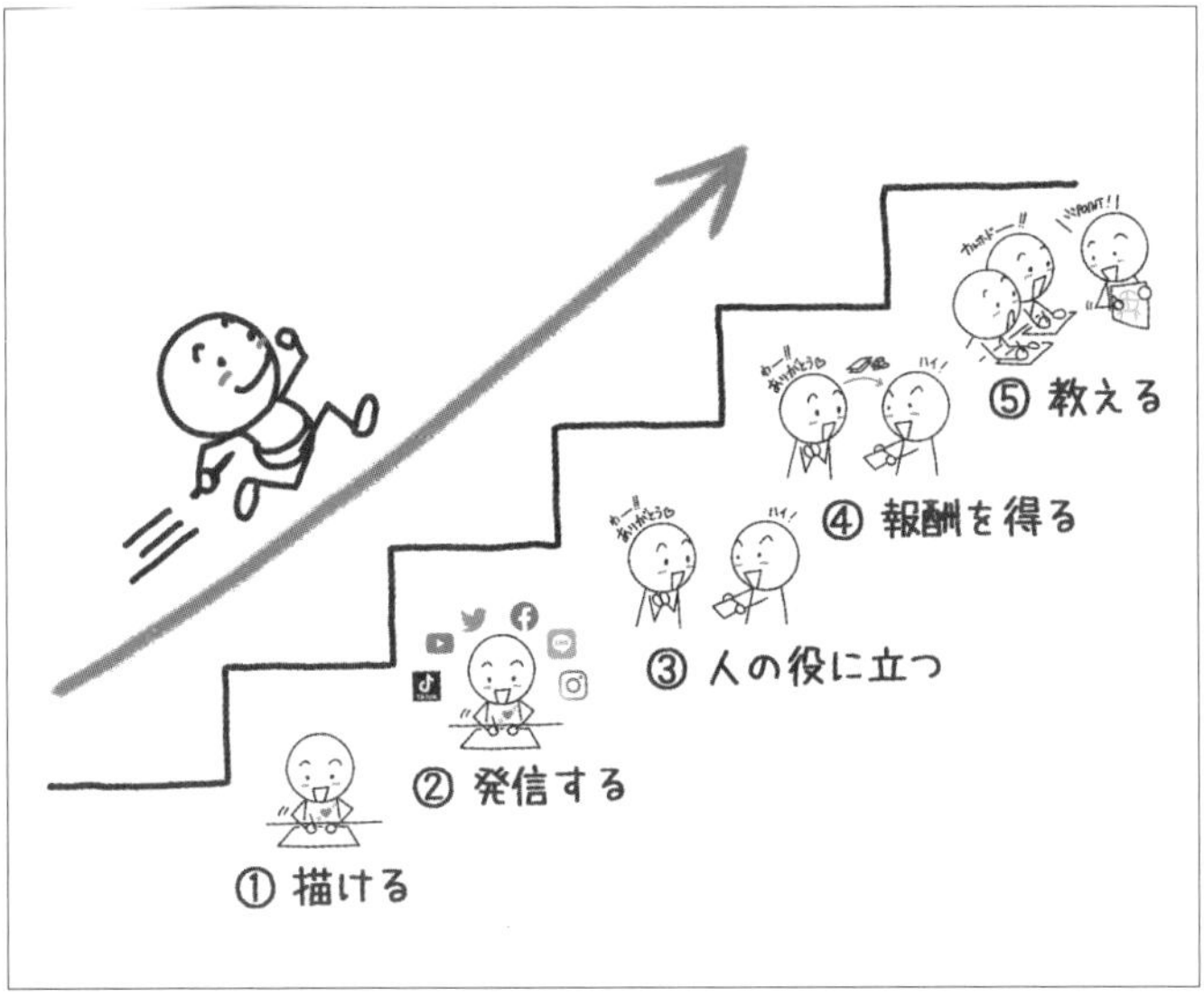

ステップアップをイメージした図解

変化・成長のプロセスを棒人間で表現

そして、

階段下には〝ネガティブな棒人間〟

階段の上には〝ポジティブな棒人間〟

階段の途中には〝歩く棒人間〟〝走る棒人間〟

などを添えていただけると、お話の全体像に〝親しみやすさ〟〝人間味〟が加わり、聞き手の興味関心も掻《か》き立てられます。ぜひ、階段図解と棒人間のセットで挑戦してみてください！

棒人間を使った図解

コツ⑥

三角形を使った図解と棒人間

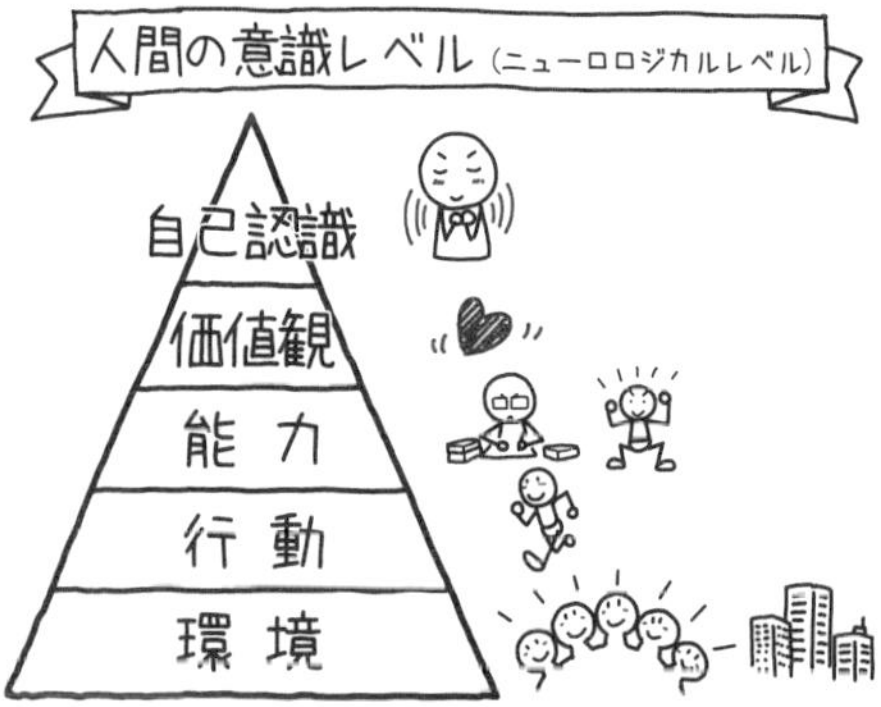

●ピラミッド図解

三角形の図解で最も使われているのが「ピラミッド型」ではないでしょうか？

三角形を横線で何層にも区切り、それぞれにキーワードを入れることで、情報が下から積み上げられるイメージになり、「段階」「階層」といった構造を一目で表現できます。

たとえば、僕もマスタープラクティショナーとして学んでいるココロの取扱書といわれる「NLP（神経言語プログラミング）」では、人間の意識を5段階で捉える概念があります。

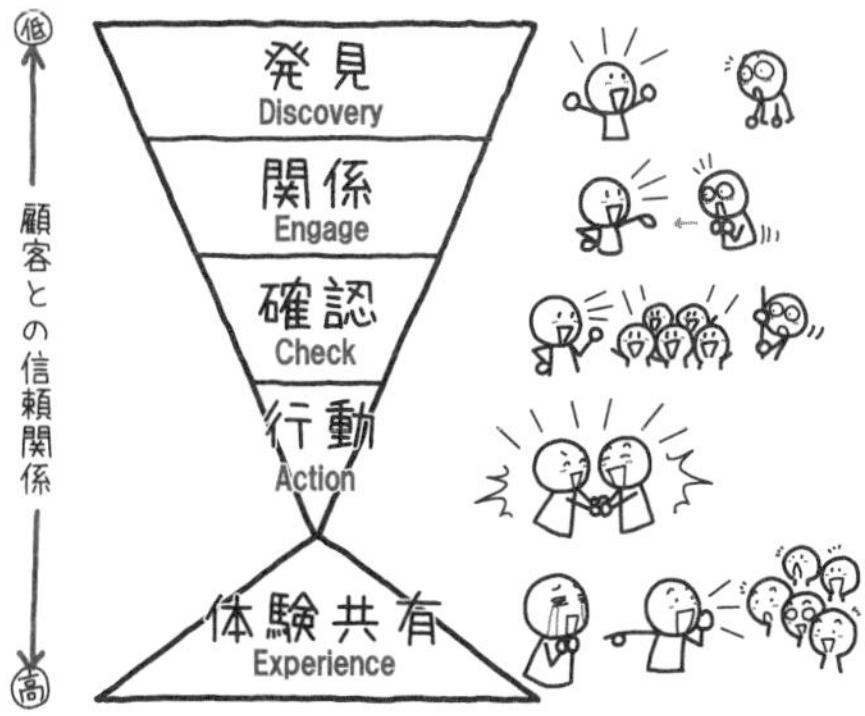

この意識の構造がわかっているとコミュニケーションがとりやすくなるといわれており、ピラミッド図解で説明できます。そこに棒人間を加えることで、言葉のイメージを具体化してみました。

●漏斗《じょうご》の図解

ピラミッド型の上下をそのままひっくり返すと、「漏斗《じょうご》」「ファネル」という形になります。段階や階層としても使われることがありますが、一番多いのはマーケティングやビジネスモデルの「プロセス」を表現すること。

サンプルとして、電通デジタルホールディングスが２０１５年に提唱した消費者行動モデル「ＤＥＣＡＸの法則」を漏斗＆棒人間で図解しました。

「ＡＩＤＭＡの法則」「ＡＩＳＡＳの法則」ときて、三代目

の消費者行動モデルといわれていて、コンテンツマーケティングにおける、理想の消費者行動プロセスを表しています。「棒人間の描き方」もこのイメージで広がってほしいですね！

●トライアングル型

「３つの視点」や「３つの要素」など話の内容を３つに絞って話すことは、わかりやすい伝え方の一つだと先ほども書きました。

その３つのものの関連性を表現するときに三角形を活用すると、よりまとまった感が出てきますし、三角形の中にイメージを入れることで全体像の一体感も際立ちます。

漢字が多くて聞き慣れない言葉は、図解やイメージで補完することで、見る人も安心して受け取れるんじゃないでしょうか？

三角形を図解に取り入れることでわかりやすく説明できるだけでなく、三角形のパワーが得られて、気持ちが上がってくるかもしれませんね。

パソコンやアプリの機能をそのまま使っちゃうと、無味乾燥なものになったり、バランスがうまくとれなくなることもありますので、注意が必要です。

まずは簡単でもいいので、棒人間とあわせて〝手描き〟で表現して、親しみやすい図解にチャレンジしてみてください！

「棒」に秘められた驚きの意味

みなさんは「棒人間」ってどんな意味があるか考えたこと、ありますか？　たぶんないですよね（笑）。

一般的には、直線的な線と形で描く表現が「棒」の組み合わせに見えることから【棒人間】と呼ばれていますが。そもそも『棒』ってどんな意味があるんでしょうか？　Weblioによると、

ぼう【棒】

1 細長い木や金属。

2 棒で打つ。

3 まっすぐに描いた線。

4 一本調子であるさま。

日本語の辞書にはこんな意味が掲載されていますが、「奉」というつくりは奉仕、奉納、信奉……などなど神や自然や人を敬ったり、礼儀正しく丁寧な印象のある言葉が多いので、もっと深い意味があるんじゃないか？とむくむくと疑問が……。

そこで、さらに調べてみると、中国語圏ではこの【棒（bàng)】という言葉には金棒やこん棒のような物質的な棒状のものを意味する以外にも、形容詞として「すばらしい、すごい」という意味があることがわかりました!!

「棒」に込められる"素晴らしい"意味

具体的に「棒」という言葉がどんな風に使われているかというと、

你好棒（nǐ haǒ bàng）「すごいね」

你很棒（nǐ hěn bàng）「あなたはとってもすごい」

　という感じで、相手の行動を褒めるときに使われているようです。親指を立てて褒めることが多く、SNSでも【超棒的（Chāo bàng de)】は「超いいね〜」という意味で使われているそうです。

〝すごい〟〝素晴らしい〟という意味が込められているなら、じゃあ、【棒人間】は中国語的に〝すごい人〟〝素晴らしい人〟という意味になるか？というと、そうではないようです。中国語では、そもそも人のことを「人間」とは言わないからです。ただ、「人間万事塞翁が馬」という故事があるように、【人間】は「この世」「世間」などの意味で使われます（※ちなみに日本でいう「にんげん」は、「人」や「人类」（人類）を使います）。

「棒」と「人間」の中国語の意味から（無理やり汲み取って…にはなりますが）、僕はこう捉えました。棒人間とは“素晴らしい世界”なんだと。なんだか素敵な意味が込められていませんか？

【棒人間】を描いて発信していけばいくほど、世の中は「棒」＝素晴らしい、すごいというプラスのエネルギーに満ちていきそうです!!
　棒人間たちと共に素晴らしい世界を創る!! そんな想いがたくさんの方に広がっていったら超棒的ですね!!!

中国語で使われる〝すごい〟フレーズ集

「棒人間」を楽しく使おう

中国語圏では、「棒」は「すごいね！」「素晴らしいね！」という意味があります。そんな言葉の背景も感じながら棒人間を描いていただけると、もっと素敵なコミュニケーションが広がっていくんじゃないでしょうか？　まさにあなたの描く棒人間は「太棒了！」です。

❶超棒的

【Chāo bàng de（チャオ バンダ）】

「超いいね！」という意味で中国語圏の若者がSNSなどで使っているそうです。

❷太棒了！

【Tài bàng le!（タイ　バン　ラ）】

「最高だよ！」「すごいね！」「素敵です！」〝太〜了〟の形で「ものすごく〜だ」となって、程度が最上級であることを強調する表現になるようです。だから、イラストの棒人間も太く描くと太棒了！

❸你好棒！

【nǐ haǒ bàng（ニー　ハオ　バン）】

「你」は「You」にあたる言葉なので「君、すごいね！」「君、イイね！」という褒め言葉として使われます。

❹ 你很棒!

【nǐ hěn bàng(ニー　ヘン　バン)】

これも「君、すごいね！」「君、いいね！」という意味になります。「很」の「とても」という意味が加わるので、「あなたはとても素晴らしい！」という最高の褒め言葉になります。

❺ 非常棒!

【Fēicháng bàng(フェイチャン　バン)】

「とっても素敵です！」〝常には非ず〟なほどの素晴らしさという意味は漢字からも読み取れますね！　ぱっと見、防災グッズにありそうなので如意棒みたいなものも加えました。

❻ 好棒棒!

【Hǎo bàng bàng(ハオ　バン　バン)】

「すごいね！」「素晴らしいね！」好（良い）棒（すごい）が重なってメチャメチャ褒め言葉になってますね！　音の響きも可愛らしく小さなお子さんを褒めるときに使われるそうです。

❼ 真棒!

【Zhēn bàng(チェン バン)】

「本当にすごいね！」「マジスゲ―――」「人」でも「モノ」でも様々な場面で使える褒め言葉なので、棒人間の目をキラキラさせてみました。

おわりに…いつもそばには棒人間

「仕事で絵やイラストを活用する」

言葉でいう分には簡単ですが、実際にお仕事の現場でそれをやろうと思うと、とてつもなく勇気がいります。僕自身もビジネスマン向けのイラスト講座を始めた頃は、みんなに受け入れてもらえるか不安でしたし、現在でもはじめて受け持つ法人研修では、冒頭でイラストを描くときに、いつもドキドキ緊張しているんです。

「棒人間」を知ってもらった皆さんの中には、真面目な雰囲気・堅い空気が漂う職場や営業先で、絵を描いたり、イラストを見せたりすると、「怒られるんじゃないか？」「変な人に見られるんじゃないか？」と躊躇したり、諦めたりする人もいるかもしれません。では、どうしたら「仕事で絵を活用する」状況がつくれるのか、ということを最後にお伝えします。

非常にシンプルなんですが、「描いたらとにかく人に見てもらう」ことです。「もうちょっとうまくなってから……」なんて曖昧な基準をつくらないで（笑）、現時点での仕上がりで構いませんので、うまくなるために描く練習を続けるなら、人に見せ続けることが大切です。ちょっとしたメモ書きに棒人間を添えるだけでもＯＫ！

やってみるとわかりますが、意外と周りの人たちは受け入れてくれるものです。笑顔で仕事ができて、楽しい雰囲気でコミュニケーションしたいと、誰もが望んでいることがわかります。焦らなくて大丈夫。あなたの手から生み出された棒人間が、ちょっとずつ場を和ませてくれます。そして、とにかく続けることで、あなたの描く棒人間たちが、褒められ、認められ、称賛され、感謝され、愛されるようになっていきます。

ここまでくると、はじめに抱いていた「不安」や「恐れ」は、いつしか「自信」という〝絵心〟に変わり、いつもそばにはユニークな棒人間たちが、みなさんの日々のコミュニケーションを豊かにしてくれるはずです。

この本をきっかけに、絵を描くことを、言葉を話す文字を書くと同じように、日常のコミュニケーションの技術として取り入れていただけたら幸いです。

２０２３年２月

河尻光晴

参考文献

『描きながら考える力「ドゥードル」革命―ラクガキのパワーが思考とビジネスを変える!』

（サニー・ブラウン著　壁谷さくら訳　クロスメディア・パブリッシング　2015年）

『VISUAL THINKING ―組織を活性化する、ビジュアルシンキング実践ガイド』

（ウィリーマイン・ブランド著　ビー・エヌ・エヌ新社　2018年）

『Graphic Recorder ―議論を可視化するグラフィックレコーディングの教科書』

（清水淳子著　ビー・エヌ・エヌ新社　2017年）

『アイデアがどんどん生まれるラクガキノート術実践編』

（タムラカイ著、枻出版社　2016年）

『嫌われる勇気』

（岸見一郎・古賀史健著　ダイヤモンド社　2013年）

『東大院生が開発！ 頭のいい説明は型で決まる』

（犬塚壮志著　PHP研究所　2018年）

『伝わるイラスト思考』（松田純著　明日香出版社　2017年）

『アニメ私塾流 最高の絵と人生の描き方』（室井康雄著　エクスナレッジ　2019年）

『武器としての図で考える習慣』（平井孝志著　東洋経済新聞社　2020年）

『「会議ファシリテーション」の基本がイチから身につく本』

（釘山健一著　すばる舎　2008年）

『ギガタウン 漫符図譜』（こうの史代著　朝日新聞出版　2018年）

無料プレゼントのご案内

『棒人間の描き方講座〈初級編〉』を本書読者の方、全員にプレゼント。

動画講座が無料でお楽しみいただけます。

https://siri-illust.hp.peraichi.com/boningen

※本サービスは予告なく終了することがございます。あらかじめ、ご了承ください。

著者紹介

河尻光晴　岐阜県出身。兵庫教育大学大学院卒。出版社の営業部・企画開発部、中小企業のマーケティングやブランディングのツール企画制作やイベント企画などを経て、現在はイラストプレゼン研究所主宰。マーケティングの考え方や心理学の要素を取り入れ、イラストを活用したコミュニケーション術や思考整理術を、企業・学校・自治体などで伝えている。特に人気の講座は「棒人間の描き方講座」「イラストプレゼン講座」。本書は、その最も得意とする「棒人間」に焦点をあて、仕事や人間関係に活かせる方法をあますことなく公開した。

ブログ：https://siri-illust.com/

会議《かいぎ》、プレゼン、企画書《きかくしょ》、メモ…
どんどん仕事《しごと》がはかどる「棒人間《ぼうにんげん》」活用法《かつようほう》

2023年２月28日　第１刷

著　　者　河《かわ》 尻《しり》 光《みつ》 晴《はる》

発 行 者　小 澤 源 太 郎

責任編集　株式会社 プライム涌光
電話　編集部　03(3203)2850

発 行 所　株式会社 青春出版社
東京都新宿区若松町12番１号 〒162-0056
振替番号　00190-7-98602
電話　営業部　03(3207)1916

印刷　三松堂　　製本　フォーネット社

万一、落丁、乱丁がありました節は、お取りかえします。
ISBN978-4-413-23294-4 C0030